信息化新核心课程（NCC）新电商专业系列教材

# 电商数据分析

教育部教育管理信息中心◎组编

贺辉阳◎编著

人民邮电出版社

北京

# 图书在版编目（CIP）数据

新电商数据分析 / 教育部教育管理信息中心组编；贺辉阳编著. -- 北京：人民邮电出版社，2020.10
ISBN 978-7-115-54216-8

Ⅰ. ①新… Ⅱ. ①教… ②贺… Ⅲ. ①电子商务－数据处理－教材 Ⅳ. ①F713.36

中国版本图书馆CIP数据核字(2020)第165404号

## 内 容 提 要

本书结合大量实例，系统讲解了电商经营中涉及的各种数据及其分析方法，能让读者快速学会如何做电商数据分析，并能利用数据分析结果指导网店经营。

本书共 8 章，内容包括电商数据分析的基础知识、行业数据分析、产品数据分析、店铺数据化运营、客户数据分析、竞争对手数据分析、库存数据分析、财务数据分析。

本书内容全面、案例丰富，具有很强的可读性和实用性，不仅适合从事电商相关工作的读者阅读，还适合作为高等学校相关专业和培训机构的教材。

◆ 组　　编　教育部教育管理信息中心
　 编　　著　贺辉阳
　 责任编辑　罗　芬
　 责任印制　马振武

◆ 人民邮电出版社出版发行　北京市丰台区成寿寺路 11 号
　 邮编　100164　电子邮件　315@ptpress.com.cn
　 网址　https://www.ptpress.com.cn
　 北京九州迅驰传媒文化有限公司印刷

◆ 开本：800×1000　1/16
　 印张：14　　　　　　　　　　2020 年 10 月第 1 版
　 字数：255 千字　　　　　　　2025 年 3 月北京第 17 次印刷

定价：49.80 元

读者服务热线：(010)81055410　印装质量热线：(010)81055316
反盗版热线：(010)81055315

## 信息化新核心课程系列教材编写指导委员会

主　　任：李建聪
副主任：石　凌
策　　划：马　亮　彭　澎
总主编：彭　澎　马　亮
新电商专业系列教材编委（按姓氏笔画排列）：
王　忆　王正言　王素艳　邓　贵　冯　慧　任秀芹　刘　敏
李　军　李　彪　李　楠　张　超　郑常员　胡晓乐　姜丽丽
蒋　晖

## 信息化新核心课程新电商专业系列教材专家组

**组长：**
侯炳辉　清华大学　教授

**成员**（按姓氏笔画排列）：
吴晓华　中国美术学院　教授
沈林兴　教育部职业院校信息化教学指导委员会　委员
张　骏　中国传媒大学　教授
陈　禹　中国人民大学　教授
姜大源　教育部职业技术教育中心研究所　研究员
赖茂生　北京大学　教授

## 出版说明

信息技术的飞速发展，对教育产生了革命性影响。以教育信息化带动教育现代化，是我国教育事业发展的战略选择。构建覆盖城乡各级各类学校的教育信息化体系，促进优质教育资源普及共享，推进信息技术与教育教学深度融合，对于提高教育质量、促进教育公平和构建学习型社会具有重要意义。

教育部教育管理信息中心作为教育信息化的实施和技术支撑部门，在教育部网络与信息化领导小组和教育部科技司的统筹领导下，重点推动面向学生、教师、学校管理的教育管理信息化建设，自 2000 年起开展了多项信息化人才培训工作，培养了一大批信息化人才，在教育、教学、管理及其信息化支撑保障中发挥了重要作用。

根据《教育信息化 2.0 行动计划》的有关要求，为全面提升教师和学生的信息素养，我中心于 2019 年 4 月着手开展"信息化新核心课程"（以下简称 NCC）项目建设，以推进信息技术人才培养工作的转型升级。NCC 项目将整合行业优质资源，重点关注新技术，联合高等院校、企业共同建设专业核心课程，并以高等院校学生及相关专业教师为主要培训对象，以促进信息技术与教育教学、教育管理的深度融合为着力点，以推动新技术与岗位职业能力、创业就业技能的应用发展为导向，突出创新性、实用性和可操作性，并逐步建成与之相适应的多层次、多形式、多渠道的新型培训体系。

信息化新核心课程系列教材按照 NCC 项目建设发展规划要求编写，能满足高等院校、职业院校广大师生及相关人员对信息技术教学及应用能力提升的需求，还将根据信息技术的发展，不断修改、完善和扩充，始终保持追踪信息技术最前沿的态势。为保障课程内容具有较强的针对性、科学性和指导性，项目专门成立了由部分高等院校的教授和学者，以及企业相关技术专家等组成的专家组，指导和参与专业课程规划、教材资源建设和推广培训等工作。

NCC 项目一定会为培养出更多具有创新能力和实践能力的高素质信息技术人才，为推动教育信息化发展做出贡献。

教育部教育管理信息中心

2019 年 9 月

# 前　言

## 本书的编写初衷

电子商务在我国已经发展了二十余年,从最初不被消费者认知,到今天被广大消费者广泛接受,电子商务已经成为很多人生活中不可或缺的一部分,对消费者和社会都产生了巨大的影响。从消费者层面来看,网上购物、网上交易、在线支付等新鲜事物层出不穷,电子商务让生活变得越来越方便;从社会层面来看,直接或间接从事电子商务的人员数量已经达到数千万,电子商务交易总额也不断上涨,社会经济因此受益。

电子商务的发展以及各项具体的电子商务运营工作都离不开数据的支撑,因此,我们为电子商务数据(以下简称"电商数据")分析人员量身打造了本书,旨在帮助读者切实掌握电商数据分析的各项工作技能。

## 本书的内容

本书首先讲述了电商数据分析的基础知识,接着又分别从行业、产品、店铺、客户、竞争对手、库存及财务等多个方面详细讲解了数据分析的相关知识和具体分析方法,具体如下。

第 1 章主要介绍电商数据分析的相关概念、数据分析的思维和基本流程、数据分析的常用方法及数据分析报告等内容。通过对本章的学习,读者可以掌握电商数据分析的相关基础知识,为具体的电商数据分析工作奠定良好基础。

第 2 ~ 3 章主要介绍行业数据分析和产品数据分析的相关知识。通过对这两章的学习,读者可以利用数据对行业容量、行业趋势及行业竞争环境等内容进行精准分析;掌握产品数据分析的意义、方法和基本流程,并利用数据分析挖掘爆款产品。

第 4 章主要介绍店铺数据化运营的相关知识。通过对本章的学习,读者可以了解店铺运营相关数据,掌握店铺流量分析、店铺访客分析、店铺客单价分析、商品上下架最佳时间分析及店铺转化率分析的具体方法。

第 5 章主要介绍客户数据分析的相关知识。通过对本章的学习，读者可以了解客户数据的价值，掌握客户生命周期分析和基于 RFM 的客户价值分析模型的相关知识。

第 6 章主要介绍竞争对手数据分析的相关知识。通过对本章的学习，读者可以学会如何利用数据去确定竞争对手，掌握获取和分析竞争对手数据的具体方法。

第 7～8 章主要介绍库存数据分析和财务数据分析的相关知识。通过对这两章的学习，读者可以了解与库存和财务相关的重要数据，掌握库存数据和财务数据分析的具体方法。

## 本书的特点

### 1. 结构合理，循序渐进

本书以电商数据分析工作为主线，从电商数据分析的基础知识入手，重点从行业、产品、店铺、客户、竞争对手、库存以及财务等方面介绍了数据分析的具体工作，层层深入，让读者全面了解电商数据分析的工作内容，掌握电商数据分析工作的具体方法。

### 2. 案例丰富，贴合实际

本书中的案例，均源自电商行业数据分析人员的工作实践，这些经过实践检验的数据分析经验和方法具有很高的参考价值和重要的借鉴意义。

### 3. 图解操作，易学易懂

本书涉及的操作部分，均以图解的方式进行讲解，使零基础的读者也可轻松上手、举一反三。

### 4. 经验分享，贴心点拨

书中特设"提示"小栏目，其内容都是资深数据分析人员在大量实践中总结和提炼出的宝贵经验与操作技巧，可以帮助读者及时解决数据分析工作中的常见难题，避免走入知识理解的误区。

### 5. 超值资源，免费获取

为了便于读者学习和提升自己的职业能力，本书还提供了大量的实用资源，包括 PPT 课件、案例素材与效果文件。关注微信公众号"职场研究社"，回复"54216"，可免费获取这些赠送资源。

## 致谢

本书从规划、编写到出版，经历了很长一段时间，经过多次修改和逐步完善，最终得以出版。在此，衷心感谢教育部教育管理信息中心和人民邮电出版社对本书的编写、出版给予的大力支持和帮助。

在编写过程中，尽管编者着力打磨内容，精益求精，但书中难免仍有不足之处，欢迎广大读者提出宝贵意见和建议，以便后续的再版修订。本书责任编辑的联系邮箱为luofen@ptpress.com.cn。

**编者**

# 目 录

| | | |
|---|---|---|
| 001 | **第 1 章** | **电商数据分析的基础知识** |
| 001 | **1.1** | **认识电商数据分析** |
| 001 | 1.1.1 | 与电商数据分析相关的常用术语 |
| 009 | 1.1.2 | 分类了解电商相关数据 |
| 014 | 1.1.3 | 数据分析在电商行业中的作用 |
| 017 | **1.2** | **数据分析的思维和基本流程** |
| 017 | 1.2.1 | 数据分析的思维 |
| 021 | 1.2.2 | 数据分析的基本流程 |
| 022 | **1.3** | **电商数据分析常用方法** |
| 022 | 1.3.1 | 细分分析法 |
| 023 | 1.3.2 | 对比分析法 |
| 024 | 1.3.3 | AB 测试法 |
| 025 | 1.3.4 | 漏斗分析法 |
| 026 | 1.3.5 | 类聚分析法 |
| 026 | **1.4** | **撰写数据分析报告** |
| 026 | 1.4.1 | 认识数据分析报告 |
| 027 | 1.4.2 | 数据分析报告的原则 |
| 027 | 1.4.3 | 写作数据分析报告的基本要点 |
| 030 | **第 2 章** | **行业数据分析** |
| 030 | **2.1** | **行业容量与趋势分析** |
| 030 | 2.1.1 | 根据数据平台分析行业趋势 |

| 035 | 2.1.2 | 行业大盘与细分市场容量分析 |
| 037 | 2.1.3 | 行业数据趋势分析 |
| 038 | **2.2** | **行业竞争环境分析** |
| 039 | 2.2.1 | 行业需求分析 |
| 041 | 2.2.2 | 行业商家分析 |
| 044 | 2.2.3 | 市场竞争规律分析 |
| 045 | **2.3** | **从行业中找到蓝海市场** |
| 047 | **2.4** | **数据化分析女装行业的市场趋势** |

| 052 | **第 3 章** | **产品数据分析** |
| 052 | **3.1** | **产品数据分析的意义** |
| 052 | 3.1.1 | 以销量数据把握店铺情况 |
| 053 | 3.1.2 | 以关键数据指标分析问题 |
| 055 | 3.1.3 | 以核心数据指标解决问题 |
| 056 | **3.2** | **收集产品数据源的方法** |
| 056 | 3.2.1 | 行业数据源采集法 |
| 057 | 3.2.2 | 专业软件数据源采集法 |
| 061 | **3.3** | **产品数据化分析的基本流程** |
| 062 | 3.3.1 | 明确分析目标 |
| 063 | 3.3.2 | 分析数据源 |
| 064 | 3.3.3 | 展示分析结果 |
| 065 | 3.3.4 | 撰写诊断报告 |
| 067 | **3.4** | **产品多维度数据化分析** |
| 068 | 3.4.1 | 从客户的角度分析 |
| 068 | 3.4.2 | 从产品的角度分析 |
| 070 | 3.4.3 | 从时间的角度分析 |
| 071 | 3.4.4 | 从地域的角度分析 |
| 073 | **3.5** | **利用数据分析挖掘店铺中的潜在爆款商品** |
| 073 | 3.5.1 | 潜在爆款商品的基本要素 |
| 075 | 3.5.2 | 从市场容量开始分析 |

| 077 | 3.5.3 | 分析产品销售趋势 |
| 080 | **3.6** | **竞品分析** |
| 080 | 3.6.1 | 竞品分析的主要内容 |
| 081 | 3.6.2 | 竞品数据分析 |

| 085 | **第 4 章** | **店铺数据化运营** |
| 085 | **4.1** | **认识店铺运营相关数据** |
| 087 | **4.2** | **店铺流量分析** |
| 087 | 4.2.1 | 搜索流量 |
| 089 | 4.2.2 | 推广流量 |
| 095 | 4.2.3 | 其他流量 |
| 100 | **4.3** | **店铺访客分析** |
| 100 | 4.3.1 | 访客来源渠道分析 |
| 102 | 4.3.2 | 访客人群画像分析 |
| 104 | **4.4** | **店铺客单价分析** |
| 107 | **4.5** | **商品上下架最佳时间分析** |
| 108 | 4.5.1 | 最佳上架日期分析 |
| 109 | 4.5.2 | 最佳上架时段分析 |
| 111 | **4.6** | **店铺转化率分析** |
| 111 | 4.6.1 | 影响转化率的因素 |
| 113 | 4.6.2 | 客服数据分析 |
| 114 | 4.6.3 | 页面数据分析 |
| 116 | 4.6.4 | 评价数据分析 |

| 119 | **第 5 章** | **客户数据分析** |
| 119 | **5.1** | **客户数据的价值** |
| 119 | 5.1.1 | 客户基本信息价值 |
| 121 | 5.1.2 | 客户行为数据价值 |
| 122 | 5.1.3 | 客户标签价值 |
| 123 | **5.2** | **客户生命周期分析** |

| | | |
|---|---|---|
| 124 | 5.2.1 | 客户最近消费时间分析 |
| 125 | 5.2.2 | 客户购买间隔时长分析 |
| 126 | **5.3** | **基于 RFM 的客户价值分析模型** |
| 127 | 5.3.1 | RFM 模型介绍 |
| 128 | 5.3.2 | RFM 模型分析方法 |
| 130 | 5.3.3 | RFM 模型客户细分方法 |
| 131 | **5.4** | **利用 RFM 模型分析电商客户价值** |
| 131 | 5.4.1 | 分析思路 |
| 132 | 5.4.2 | 数据预处理 |
| 134 | 5.4.3 | 数据多维度分析 |
| 135 | 5.4.4 | 数据结果呈现 |

## 第 6 章 竞争对手数据分析

| | | |
|---|---|---|
| 138 | **6.1** | **了解自己** |
| 138 | **6.2** | **确定竞争对手** |
| 139 | 6.2.1 | 搜索竞争对手 |
| 139 | 6.2.2 | 精确定位竞争对手 |
| 141 | **6.3** | **获取竞争对手数据** |
| 141 | 6.3.1 | 了解竞争对手的重要数据 |
| 142 | 6.3.2 | 获取竞争对手数据的渠道和工具 |
| 144 | 6.3.3 | 收集竞争对手资料 |
| 145 | 6.3.4 | 整理竞争对手数据 |
| 146 | **6.4** | **实战操作：竞争对手的数据分析** |
| 146 | 6.4.1 | 竞争对手产品策略分析 |
| 147 | 6.4.2 | 竞争对手渠道策略分析 |
| 149 | 6.4.3 | 竞争对手价格策略分析 |
| 150 | 6.4.4 | 竞争对手营销策略分析 |
| 151 | 6.4.5 | 竞争对手服务质量分析 |
| 153 | 6.4.6 | 竞争对手分析报告 |

| 155 | 第 7 章 | 库存数据分析 |
| --- | --- | --- |
| 155 | 7.1 | **认识库存的重要数据指标** |
| 155 | 7.1.1 | 库存周转率 |
| 156 | 7.1.2 | 动销率 |
| 157 | 7.1.3 | 滞销率 |
| 157 | 7.2 | **商品库存信息数据采集与分析** |
| 157 | 7.2.1 | 采集商品库存数据 |
| 161 | 7.2.2 | 分析商品库存数据 |
| 163 | 7.3 | **根据数据优化店铺库存** |
| 163 | 7.3.1 | 分析库存周期 |
| 165 | 7.3.2 | 分析行业变化 |
| 167 | 7.3.3 | 分析产品变化 |
| 167 | 7.3.4 | 根据数据精准补货 |
| 172 | 第 8 章 | 财务数据分析 |
| 172 | 8.1 | **影响网店盈利的因素** |
| 172 | 8.2 | **电商企业的成本构成** |
| 173 | 8.2.1 | 平台成本 |
| 174 | 8.2.2 | 运营成本 |
| 174 | 8.2.3 | 货品成本 |
| 175 | 8.2.4 | 人员成本 |
| 176 | 8.3 | **电商成本核算** |
| 176 | 8.3.1 | 成本核算公式 |
| 176 | 8.3.2 | 成本核算公式的运用 |
| 177 | 8.4 | **电商成本分析** |
| 178 | 8.4.1 | 运营成本的控制 |
| 179 | 8.4.2 | 货品成本的控制 |
| 181 | 8.4.3 | 人力成本的控制 |
| 182 | 8.5 | **网店利润预测与分析** |
| 182 | 8.5.1 | 线性预测法 |
| 187 | 8.5.2 | 指数预测法 |

| | | |
|---|---|---|
| 189 | 8.5.3 | 图表预测法 |
| 192 | **8.6** | **使用 Excel 制作网店财务表格** |
| 192 | 8.6.1 | 制作网店进销存管理表 |
| 197 | 8.6.2 | 热销商品利润统计表的制作 |
| 203 | **8.7** | **利用数据进行网店利润的规划** |
| 204 | 8.7.1 | 减少推广成本 |
| 207 | 8.7.2 | 创建规划求解报告 |

# 第1章

# 电商数据分析的基础知识

电子商务不同于其他行业，数据分析对于电子商务是至关重要的，因为电子商务的运营情况能够通过客观、真实的数据来呈现。对数据进行分析后，其结果可以运用到商品管理、活动运营、客户管理以及社群运营等多方面。

要想做好电子商务数据（以下简称"电商数据"）分析，为运营和决策提供专业的数据支撑，首先就要掌握电子商务相关的知识。

## 1.1 认识电商数据分析

随着电子商务行业（以下简称"电商行业"）的迅猛发展，电商数据分析在电商运营与推广中占据越来越重要的地位。用数据说话，进行精准营销，也成为电商行业不可缺少的技术分析手段。那么，在掌握电商数据分析技术之前，应该先了解与电商数据分析相关的一些基本术语和相关数据，以便对电商数据分析建立初步的认识，为后续的深入学习打下坚实基础。

### 1.1.1 与电商数据分析相关的常用术语

在电商数据中，有很多专用的术语，如流量、转化率、跳失率、客单价等，如果不理解这些术语的含义，就无法对数据进行分析，甚至无法看懂数据。掌握这些术语的含义不仅有助于数据分析的顺利进行，也是数据分析从业人员必备的基本技能。

**1. 流量类术语**

流量是指在一定时间段内，访问网店的用户数量。流量是成交转化的基础，没有流量就没有成交转化。流量是检验网店运营的重要指标之一，按照流量的大类来划分，网店流量主要分为免费流量和付费流量。

（1）免费流量

免费流量，顾名思义，是指不需要支付任何推广费用即产生的流量。在电商平台中，这种流量的质量是最高的。免费流量大多是客户主动访问，具有很强的目的性，并且这类流量带来的商品成交转化率也非常高。

免费流量主要源自客户的自主访问、购物车、已购买的商品以及分享链接等渠道，图1-1和图1-2所示是淘宝好友分享商品链接和该商品的商品详情，直接点击链接即可查看商品详情。

图1-1　淘宝好友分享商品链接　　　　　　图1-2　直接查看商品详情

从专业数据归类的层面来看，免费流量又可以细分为独立访问数、页面访问数和页面访问深度。

➢ 独立访问数（Unique Visitor，UV）：在一定时间内，独立访问网店的用户数。以用户的访问IP为基准，同一IP视为一个独立访问数。一般而言，流量越高的网店，独立访问数也就越多。

➢ 页面访问数（Page View，PV）：同一用户对页面的访问次数，即页面浏览量。同一用户对页面进行多次访问，则说明用户对于该页面的内容较为关注，其成交转化的可能较大。

➢ 页面访问深度：用户一次连续访问的店铺页面数（即用户每次浏览店铺的页面数），

其计算公式为页面访问数÷独立访问数。该数据直观反映了网店对用户的吸引力和用户的黏性。

免费流量相当于店铺的自然"血液",一个健康的店铺的免费流量至少要占店铺流量的60%,因为免费流量带来的客户转化所需的成本较低,进而可以为店铺的盈利争取最大空间。

(2)付费流量

由于电商行业的竞争激烈,越来越多的网店争夺有限的流量,要想让自己的店铺在成千上万的网店中排名靠前,就得使用付费流量。通常情况下,付费流量的占比不要超过40%,因为若是仅依赖于付费流量,则会增加店铺的推广费用,增加推广成本,严重情况下,甚至会导致店铺入不敷出。

在淘宝中,付费流量主要源自阿里妈妈的付费推广营销工具,包括淘宝直通车、钻石展位、淘宝客、如意投和品销宝,具体如下所示。

➢ 淘宝直通车:专门为淘宝和天猫商家打造的付费推广的营销工具,商家设置商品的关键词和出价,当客户在搜索的时候,推广商品优先展示,获得更多的精准流量,商家按照搜索点击次数付费。

➢ 钻石展位:包括图片、移动广告、视频和明星店铺等多种形式,精准定向投放广告,采取竞价付费的形式,支持按展示付费(Cost Per Mille,CPM)和按点击量付费(Cost Per Click,CPC),为商家提供创意投放、数据跟踪、效果监测等推广方案。

➢ 淘宝客:商家创建并公开商品的营销活动,淘宝客对商家的营销活动进行推广和宣传。若通过淘宝客产生成交转化,那么,在成交后,商家按照一定比例的佣金返给淘宝客。

➢ 如意投:淘宝系统根据商家设置的佣金比例和商品的综合情况,采取大数据智能算法,将商家的商品自动推送到爱淘宝的搜索结果页面和中小网站橱窗展示页面。

➢ 品销宝:按照千次展示计费,当客户通过搜索框输入特定的品牌关键词,只要店铺出价是第一名,即可出现在搜索结果页面最上方的位置,获得巨大的流量。

一方面,淘宝官方数据显示:截至2019年6月30日,淘宝、天猫平台移动月活跃用户达7.55亿,每天超过千万的潜在客户用手机搜索商品。所以商家可以通过各种付费工具让商品出现在首页,增加商品的成交转化率。另一方面,在千万淘宝店铺中,付费推广俨然已经成为不可或缺的营销工具,而付费流量也成为店铺流量来源的重要渠道。在本书的第2章、第3章和第4章会重点讲解相关的营销工具,故在此仅做简单介绍。

**2. 转化类术语**

店铺通过各种营销工具的推广,最终的目的是实现成交转化。店铺开展一次营销活动,需要投入大量的人力、物力和财力，若转化率过低，无异于做无用功，反而增加了店铺运营的成本和难度。所以，商家需要时刻关注店铺的转化类指标，其中应重点关注静默转化率、询单转化率、免费流量的转化率和付费流量的转化率。

（1）静默转化率

静默转化是指客户在不向客服进行询问的情况下，仅通过搜索和比较的方式，直接产生成交转化的行为。静默转化率是指在一定时间内，静默成交用户数与总访客数的比重，即静默转化率＝静默成交用户数÷总访客数。

一个店铺的静默转化率越高，代表客户对店铺越信任，越容易直接下单，减轻客服的工作量，降低店铺流量的导入成本，有利于培养回头客。同时，静默转化率也从侧面说明店铺的整体水平较高。

在淘宝后台中，官方为淘宝商家提供了许多可以提升静默转化率的营销工具，如图1-3所示。

支付宝红包
淘宝，天猫平台通用的支付宝红包，支持在支付宝环节直接

优酷会员卡
可享受优酷＋土豆双平台全部会员特权，全站免广告，千部

随机面额支付宝红包
支持设定红包个数及总面额后随机发放，淘宝，天猫平台通

流量钱包
提取到手机号码使用，支持移动、联通、电信三大运营商通

淘话费
充值话费时可当作现金抵扣使用，支持找零以及叠加使用

淘金币
淘宝网积分，可通过设置金币抵扣，店铺兑换商品赚取金币

图1-3　淘宝官方的营销工具

以上营销工具可以结合店铺的主营类目来运用，支付宝红包、流量钱包、淘金币都是比较常用的，所需的成本较低，结合一定的活动创意，可以取得较好的营销效果。

（2）询单转化率

询单转化是指客户通过询问客服而产生成交转化的行为，询单转化率是指在一定时间内，通过询问客服成交的用户数占总访客数的比重，即询单转化率＝询单转化用户数÷总访客数。

询单转化率不仅可以考验客服的工作专业度和工作效率，还可以考验店铺的装修、

商品的文案、商品的拍摄以及店铺整体排版的舒适度与美观度，即用户的视觉体验。由此可见，询单转化率的提升所涉及的不仅是客服环节，更重要的是整个店铺的运维。所以，店铺要想提升询单转化率，可以考虑从以下几个方面入手。

> 客服的接待：当客户在访问一个店铺的时候，遇到任何问题，客户直接面对的是客服。所以，客服的接待是营销成交转化至关重要的第一环节。客服掌握专业的接待技能，熟悉商品的属性和功能，是成功促成客户下单的关键之举。

> 商品的详情文案：客户在下单之前一定会对商品进行全面的了解，所以，这就要求商品详情页中要对商品进行具体的表述。例如，手机的商品详情文案中要说明型号、材质、颜色、出厂日期、商品参数等关键信息，让客户充分了解商品。

> 店铺的售后服务：由于网购会存在各方面的风险，要想客户无顾虑地下单，最基础的售后服务必须得保障。例如，7天无理由退换货、赠送运费险等。

询单转化是店铺最主要的成交转化渠道，要想提升店铺的综合实力，就必须从点滴细节开始做起。例如，及时响应客户，解决客户的疑问；从用户体验的角度出发，不断优化店铺装修，创造良好的消费体验环境。

（3）免费流量的转化率

免费流量的转化率是指通过免费渠道产生成交转化的用户数占总访客数的比重，即免费流量的转化率 = 免费流量成交用户数 ÷ 总访客数。店铺在免费流量转化率的影响因素主要集中体现在以下几方面。

> 商品主图的优化：客户在搜索商品关键词的时候，第一眼看到的就是商品的主图，优质的主图能够吸引客户点击访问，提升店铺的成交转化率。如果店铺近期在开展促销活动，一定要设计出促销型主图，要和同行店铺形成较强烈的视觉对比效果，尽可能地吸引用户到店访问。

> 商品价格的优化：价格也是影响成交转化的重要因素。商品的价格不能设置得过高，让客户望而却步；也不能设置得过低，让客户怀疑商品的质量。位于中间价格区间的商品，往往更具有优势。

> 商品详情页的优化：客户在下单之前，往往会仔细浏览商品详情页，了解清楚商品属性。因此，在商品详情页中要按照用户的浏览习惯来设计排版布局，一步步引导客户下单成交。

免费流量的转化率是一个店铺运营的关键性指标，免费流量越大，所需的引流成本越低，越能减少店铺运营的成本，提升店铺的竞争力。尤其是在引流成本越来越高的今天，店铺如何充分利用免费流量，成为每个商家必修的课程。

（4）付费流量的转化率

付费流量的转化率是指通过付费渠道产生成交转化的用户数占总访客数的比重，即付费流量的转化率＝付费流量成交用户数÷总访客数。要想付费流量的转化率得到最大化的提升，可以从以下几个方面来进行优化。

➢ 商品关键词的优化：淘宝直通车就是以商品的关键词来付费推广的，客户的搜索也是紧紧围绕着商品的关键词来开展的。关键词决定了搜索的流量、排名和权重，因此，做好商品关键词的优化是提升付费流量转化率的第一步。

➢ 主图与商品的契合度的优化：吸引客户点击访问的是主图，提升主图与商品的契合度才能降低客户的跳失率。例如，客户搜索关键词"平底鞋"，若商品的主图是高跟鞋，这就不符合客户的预期，客户会访问其他的店铺。

➢ 营销活动创意的优化：由于市场中各种促销活动的"狂轰滥炸"，如清仓大甩卖、买一送一、全场5折起，这些常规的营销难以刺激到客户。创意活动成为突破口，如小视频、"网红"直播、"粉丝"社群等营销手段都是比较具有创意的。

付费引流是本店铺与其他店铺竞争的手段之一，即使店铺在同行的排名较靠后，仍然能够凭借良好的运营策划，让商品获得更多的展示，吸引更多的潜在客户进店访问。但是，若遇到同行的恶意点击，则需要立即采取预警措施，减少给店铺造成的损失。

### 3. 运营类术语

店铺运营涉及较多的运营类术语，常用的运营类术语列举如下。

➢ 新访客数：访问店铺的新客户总数。
➢ 老访客数：访问店铺的老客户的总数。
➢ 页面停留时间：用户在店铺页面停留的时长。
➢ 商品浏览日均量：用户平均每天查看商品的次数。
➢ 商品详情页浏览量：访问商品详情页的访客总数。
➢ 商品加购物车率：商品被加入购物车总数占访客总数的比重。
➢ 跳失率：客户通过相应入口进入，只访问了一个页面就离开的访问次数占该入口总访问次数的比重。
➢ 平均访问深度：用户平均每次连续访问浏览的店铺页面数。
➢ 下单总数：拍下的订单的总数量。
➢ 下单转化率：店铺下单人数占访客总数的比重。
➢ 支付宝成交件数：用户通过支付宝下单的总数。
➢ 无线端浏览量：无线端的访客总数。
➢ PC端浏览量：PC端的访客总数。
➢ 店铺DSR（Detail Seller Rating，即商家服务评级系统）：商品描述相符度、服务态度和物流服务3项数据指标的综合得分，如图1-4所示。

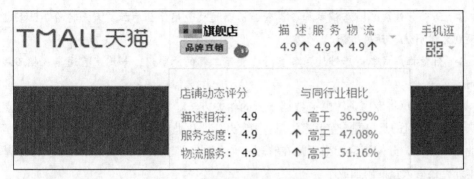

图 1-4 某店铺的 DSR 综合得分

- 商品收藏数：收藏商品的总访客数。
- 已发货订单数：已经发货的总订单数。
- 申请退换货数：申请退换货的总用户数。
- 客单价：在统计期内，每位下单客户的平均交易金额，即每一个客户平均购买商品的金额。
- 商品销量排行榜：店铺成交商品的排名情况。
- 人均成交件数：人均下单的商品数。
- 当日拍下付款件数：当日拍下，且当日付款的商品件数。

运营类指标涵盖了售前、售中和售后三大环节，环环相扣，缺一不可。通过运营类指标可以清晰地看出店铺访客的访问轨迹，对于跳失率较高的环节，商家需要及时优化和调整，以保证店铺的正常运营。

### 4. 财务类术语

财务数据分析也是电商数据分析中重要的一环。通过分析财务数据，对店铺进行开源节流，优化店铺财务状况。常用财务类术语列举如下。

- 采购额：店铺进货的总成本。
- 库存量：店铺所有商品的存量总量。
- 物流成本：店铺快递所支出的总费用。
- 人力成本：店铺支付的所雇用员工的薪酬总费用，包括工资、季度奖金、节日福利以及年终奖等。
- 办公成本：租用仓库/办公室、购置办公用品、网络费用以及其他相应的成本。
- 销售额：店铺销售商品的总额。
- 退换货成本：客户退换货所产生的总费用，包括商品折旧/损坏成本、物流成本、时间成本和人工成本。

> 活动营销成本：店铺参加各类营销活动的总费用，如参加"天天特价"活动、提前策划方案引流、预热店铺。

> 付费推广成本：店铺使用各类付费营销工具的总费用，如淘宝直通车、钻石展位和淘宝客等。

本书第8章将专门讲解财务数据分析的相关方法。之所以将财务类指标作为重点内容来讲解，其目的是提醒淘宝商家注意：淘宝开店是创业的一种形式，所谓"创业有风险，创业需谨慎"，开网店也相当于是在管理一个公司，涉及的财务数据相当多，除了基础成本外，还有大量的附加成本。

**5. 会员类术语**

所谓会员，是指在店铺中有过成交转化的客户，包括换货、退货、关闭交易客户。做好店铺会员数据分析，能够最大程度挖掘客户价值，在降低营销成本的同时，实现店铺的利润最大化。常用的会员类术语列举如下。

> 老访客占比：在选定时间段内带来的访问人数中，访问过店铺的老访客数占总访客数的比重。

> 回头客：在店铺有成交历史，再次在店铺产生交易的客户。

> 回头成交率：店铺回头客成交数占访客总数的比重。

> 复购率：在单位时间段内，再次到店铺购买商品的客户人数占总购买人数的比重。

> 回头客客单价：回头客在店铺的人均消费单价。

> 回头客支付率：回头客在店铺支付总笔数占店铺支付总笔数的比重。

> 回头客存留率：回头客在店铺的存活周期。

> 店铺会员：在店铺产生过交易的客户。

> 会员等级：按照客户在店铺的消费金额进行等级的划分，累计消费金额越大，会员等级越高。

> 会员活动：专门针对店铺会员开展的促销活动。

> 会员福利日：专门针对店铺会员设置的会员福利日，在会员福利日当天可享受一定的折扣、满减或者新品免费体验等福利。

在竞争激烈的淘宝市场中，每开发一位新客户所需要的成本非常高，且难以培养新客户对店铺的忠诚度，新客户很容易流失。所以，维护老客户成为淘宝商家维持店铺正常化运营的关键。

一方面，老客户的开发成本很低，不用大费周章地推广和营销，就能够激活老客户；另一方面，老客户的开发难度低，老客户在店铺产生过交易，店铺拥有老客户的浏览记录、成交记录、联系方式以及个人画像。对老客户的开发都是有迹可循的，根据大数据分析和研究,为老客户推荐最合适的商品,最容易产生交易。

## 1.1.2 分类了解电商相关数据

在了解电商数据分析涉及的术语后,即可进一步了解各类电商数据,如店铺首页数据、收藏数据和加购数据、商品数据、行业数据、客服数据、店铺整体数据等。分析人员可以根据这些数据,衡量店铺各方面的经营状况,并调整、改进店铺经营策略。

**1. 店铺首页数据**

网店首页作为流量的中转站,吸引访客访问店铺,也承接了流量的转化,所以,网店首页被业内人士称为"要塞"。网店首页研究的主要对象是访客,店铺首页数据则是将访客的访问行径通过数据指标来表现,方便后期的研究和分析,与店铺首页有关的数据包括店铺首页访客数、店铺首页点击率、店铺首页停留时间和店铺首页跳失率四大数据指标。

➢ 店铺首页访客数:店铺首页的访客大多是潜在的客户,他们希望在首页查看全店的商品,快速找到自己想要的商品。所以,首页最关键的是导航和分类,方便用户快速查找,图 1-5 所示是某百货商城的首页导航设置。

图 1-5 按照商品属性设置首页导航

➢ 店铺首页点击率:首页点击率是产生成交转化的一个关键性步骤,访客对首页的商品感兴趣,就会点击查看,客户若较长时间没有看到心仪的商品,则会直接离开首页。所以,首页商品的排版和布局非常重要。按照用户的点击率来设置商品的位置,点击率越高的商品,越要放到靠前的位置。

➢ 店铺首页停留时间:访客在首页停留时间越长,表示访客对商品越感兴趣,成交转化的可能性越大。若客户的首页停留时间过短,商家则急需优化首页,不管是排版设计,还是商品布局,都要以访客为中心来进行优化。

➢ 店铺首页跳失率:首页跳失率是衡量一个店铺运营的重要指标,若首页跳失率居高不下,则说明店铺的潜在客户正在大量流失,会导致推广成本的增加。所以,商家要时刻关注首页跳失率,最大程度地降低首页跳失率。

网店首页数据分析的重点是透彻地研究访客,精准地把握住这部分潜在客户,并将其转化为忠实客户,以实现店铺的高效益运营。

### 2. 收藏数据和加购数据

在电商数据分析的过程中,很多新手商家都会忽略两大关键数据,分别是收藏数据和加购数据。而这两大数据则是资深客户最为关注的,因为收藏量和加购量是展示店铺人气的关键性指标。

➢ 收藏量:收藏量和网店人气紧密相关。收藏量越高,意味着潜在的成交客户就越多。站在访客的角度来分析,收藏店铺或商品的原因主要有3点,其一,访客有购买意向,但是处于犹豫阶段;其二,访客习惯货比三家,比较同款商品后再下单;其三,访客喜欢店铺或者商品,先收藏方便后期查找。所以,收藏量是衡量店铺人气的重要指标,商家应将收藏按钮设置在比较醒目的位置,方便访客直接收藏。图1-6所示是某商品的收藏量。

图1-6 商品收藏量

➢ 加购量:加购量是指商品被加入购物车的数量。相对于收藏量,加购量更能体现访客的购买意愿,因为加入购物车后,下一步操作极有可能是提交订单。天猫每年举行的"双十一全球狂欢购物节",为了吸引客户参与营销活动,许多店铺都会提醒客户提前将商品加入购物车。

收藏数据和加购数据是相辅相成的,其目的都是引导访客关注商品,最终产生成交转化。为了提升店铺收藏量和加购量,商家还可以采取一定的营销方法,如收藏本店发红包、收藏店铺优先发货等。

### 3. 商品数据

商品数据主要是围绕商品本身展开的,包括商品数量、商品存量和商品上下架时间。很多新手商家经常出现发错货、发漏货的情况,导致被客户打差评,甚至被投诉。归根结底,商家没有精准地掌握商品数据。

➢ 商品数量:商品数量通常是以SKU来显示的,SKU(Stock Keeping Unit)是指最小的存货单位。为了精准地销售商品,每一款商品都有自己的SKU,例如,某个商品有5个尺寸,那么,该商品就有5个SKU。图1-7所示是某商品的SKU,商品的尺码、颜色、库存以及价格都是一一对应的,方便客户查看。

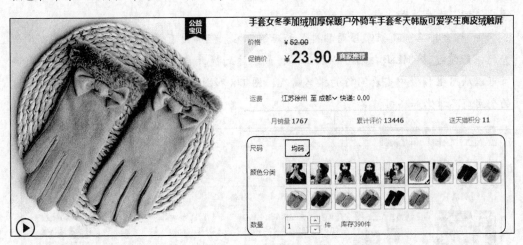

图 1-7　商品的 SKU

➢ 商品存量:商品存量包括商品品牌数和商品库存量。商品品牌数是指店铺内不同品类的商品数量,而商品库存量则是对应品类的库存量。在店铺参加大型的营销活动之前,商家一定要核实店铺的商品品牌数和库存量,防止出现卖断货的情况,要有备用货源渠道,一旦销售告罄,立马补充同品类货源。

➢ 商品上下架时间:在淘宝中有一条"黄金规则",即商品离下架时间越近,排名会越靠前。而商品的默认上架时间是7天,超过7天,系统会自动下架。因此,商家需要总结出店铺成交率最高的时间段,分批次上架商品,合理地安排商品的上下架时间,让商品获得更多的流量。

商品数据分析的核心是按照商品的属性来分析，不同行业可能会存在较大的差别。例如，服装行业的数据根据季节变化而变化，虚拟游戏充值行业的数据则是根据当前市场的热门游戏的需求而变化。所以，要具体问题具体分析，深入了解所在行业的规则，在竞争白热化的市场中，商家一定要摸清石头后再过河。

4. 行业数据

行业数据分析是指以行业为依据，从采集到的行业数据来分析和预测行业趋势，以便商家能够精准地把握趋势，顺应行业的变化，顺势而为，及时调整运营战略。在大数据时代的电商行业，在分析行业数据时，非常注重对于市场整体趋势和综合排名的分析。

➢ 市场整体趋势：行业整体趋势的数据分析重点在于分析市场占有率、市场潜在拓展率以及市场饱和度。若市场容量已经趋于饱和，商家没有透彻地分析市场就贸然进入，很有可能会被"大商家"打击得溃不成军。但其实商家可以另辟蹊径，不要与大商家"正面冲突"，绕开"红海市场"，寻找当前的"蓝海市场"，逐步建立自己的"根据地"，稳扎稳打，步步为营。

➢ 综合排名：商家掌握商品排名和店铺排名，能够更有计划地开展推广，不断向优秀的同行学习，"他山之石可以攻玉"，最终达到提升自己店铺排名和销量的目的。商家可以从阿里指数中查看同行的排名情况，图1-8和图1-9所示分别是数码/计算机行业的全网商品排名和公司排名。

图1-8 数码/计算机行业的全网商品排名

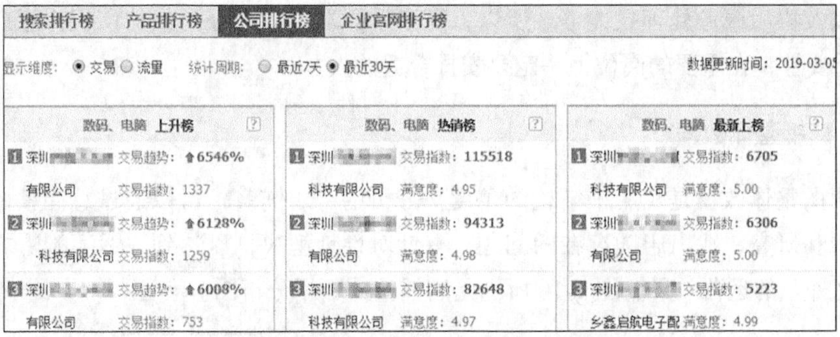

图1-9 数码/计算机行业的全网公司排名

行业数据是不断变化的,如果仅凭借几天的数据,就指望能够十分精准地预测行业走势,无异于痴人说梦。行业数据的变化也是有迹可循的,商家在充分借助数据分析平台的同时,还要注重原始数据的积累和分析,透过数据看到行业变化规律,顺应行业趋势来开展营销活动。

5. 客服数据

很多商家对于客服岗位不够重视,单纯地将客服定义为"导购",只需要会聊天即可,进而导致客服管理不到位,错失很多订单,也引起了一系列的售后纠纷。实际上,客服的工作涵盖售前、售中和售后,客服数据主要包括接待数据、订单数据和售后数据。这些关键数据都直接反映了店铺运营的问题,分析这些数据后,可以及时优化、解决问题。因为在本书第4章会重点讲解客服相关知识,故在此仅做基础介绍。

➢ 接待数据:客服在接待访客的时候会产生系列的数据指标,如接待人数、首次响应时间、平均接待时长以及回复率等。为了更好地服务客户,客服需要提前熟练掌握一套销售话术,做好开门迎客的准备,设计好欢迎词,快速地响应客户,争取不丢失一个潜在客户。

➢ 订单数据:在客服与客户交流过程中,会产生订单数据,如订单金额、客单价、成交商品总数。订单数据是客服岗位的考核指标之一,所以,商家得制定出一套完整的客服岗位考核方案,既能够提高客服的工作热情,又能够让客服在工作中有成就感,使人力资源得到最大化的配置。

➢ 售后数据:客服在售后环节中尤为重要,特别是处理纠纷订单,售后数据主要有纠纷率、退货率、退款率等。一个优秀的售后客服能够及时解决售后问题,避免客户给店铺打差评,降低店铺的损失,保持网店的形象。

网店客服不同于实体店的导购,网店客服对于从业人员的要求更高,网店客服需要更多的个人技能,如熟练地使用网店后台工具、全面地答疑解惑的知识素养、良好的沟通能力以及售后服务处理技能等。所以，商家需要端正对客服岗位的认识，意识到这个岗位的重要性，在重要的岗位上一定要安排合适的人。

**6. 店铺整体数据**

网店的整体数据是从店铺掌柜的角度来分析的，店铺掌柜可以通过总控整体数据，逐一分析和研究，找出店铺存在的问题，有针对性地解决，以达到"运筹帷幄之中，决胜千里之外"的运营效果。图1-10所示是店铺整体数据分析图。

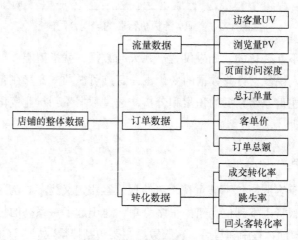

图1-10　店铺的整体数据

网店运营中涉及的数据指标繁多，店铺掌柜要有针对性地选择数据指标，不可能做到面面俱到，但一定要"切中要害"，抓住关键数据是店铺数据分析的关键。

一般而言，流量数据、订单数据和转化数据是最核心的，缺一不可。对于新手商家而言，只要能做好这3类数据的分析，也能够比较精准地开展数据分析，从而为店铺运营提供具有建设性的改善方案。

## 1.1.3　数据分析在电商行业中的作用

对电商数据分析相关术语有了一定了解和认识之后，接着来认识数据分析在电商行业中的作用。数据分析在电商行业中起着很重要的作用，可以通过分析数据了解市场、判断市场走势从而做出正确的决策，或通过分析数据优化业务流程与市场营销等。其具体内容主要表现在以下几个方面。

**1. 熟悉运营现状**

通过数据分析，能够熟悉店铺在现阶段的运营状态——店铺积累的客户数量是上升还是下降，营销活动是有效果还是无效果，店铺是盈利还是亏损。

例如，可以根据店铺在最近 3 个月的销售额、访客数、成交转化率、支付订单数、新老客户占比以及付费推广额等多维度的数据来分析店铺的整体运营情况。首先，和同期相比，店铺目前的运营状态是否良好，若各项指标均呈现出负增长，则说明店铺运营出现了问题，亟须进行整改和优化。其次，和同行相比，店铺各项数据指标是否达到同行平均值；若没有，则需要从多方面来分析原因，制定出相应的解决方案。

在电商运营的过程中，应该以周期来开展数据分析，采取日报、周报和月报的形式来进行系统的数据分析，而并非割裂数据分析周期，这样的数据分析结果才有参考性、对比性。

**2. 深入分析原因**

在了解店铺的运营现状之后，需要深入地分析出现现阶段运营情况的原因，将分析出的原因逐一罗列出来。

例如，通过后台的数据发现商品的搜索量增幅较大，但是这仅是对商品运营的基础了解，还需要弄清楚出现这种情况的原因。出现搜索量增幅较大的情况是因为优化了某个关键词为店铺带来了流量？还是因为店铺的新访客数量增加？或者是店铺的权重提升？这些原因都需要进行深入地分析，明确具体的原因，才能够达到数据分析的目的。

例如，商品搜索量增加，可能是因为优化了商品标题的关键词。那么，就需要把关键词优化前和优化后的数据进行对比，如果是在标题关键词优化后而流量大增，那么，很有可能就是因为商品标题关键词的优化为店铺带来了流量。

所以，数据分析都是有理有据的，以客观、真实的数据为支撑，具体问题具体分析。数据分析切忌脱离实际而仅凭借主观臆想。

**3. 预测店铺未来的运营**

在了解了现状，也分析了原因后，接下来就应该进行预测，提前对店铺运营进行全方位的规划。

例如，通过优化商品标题关键词，为店铺带来了大量的流量，在短期内提升了商品的成交转化率。为了保证店铺的良好运营，数据分析人员就需要对关键词优化带来的成交转化进行实时的监测，找出哪些关键词是主力引流词，哪些关键词的转化能力强，哪些关键词能够提升静默转化率。

在充分积累了运营数据后，就需要对关键词优化带来的成交转化进行预测。例如，主力关键词在未来一周能够带来多少流量？高转化率的关键词在未来半个月中的转化率能够达到多少？热门关键词在未来一个月能够让静默转化率提升多少？做好科学的数据预测，能够提前掌握店铺运营的发展趋势，提前布局，抢占市场先机。

### 4. 及时发现店铺的问题

店铺在运营过程中，会出现各种问题，若数据分析人员没有及时发现异常，则很容易给店铺带来巨大的损失。实际上，任何一种异常情况的背后必有原因，发现和了解具体的原因，能够帮助我们分析和解决问题。

【实例1】

某主营童装的商家在后台分析最近7天的销售额，如图1-11所示。可以看到8月22日、8月23日和8月26日的销量下滑较为明显，且销量、估算销售额、销售商品数以及平均动销率等多项数据指标都呈现负增长，店铺经营状况亮起了一盏"红灯"。

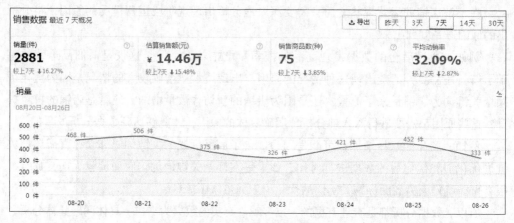

图1-11 销售额数据分析

在发现异常数据后，就要分析产生这样结果的原因，快速制定出解决方案，并且实时监控运营情况。切忌掉以轻心，不重视异常数据的处理，等到店铺出现非常严重的亏损的时候，才引起警惕。

### 5. 店铺决策的依据

决策需要以客观数据为支撑，不能盲目地进行决策，更不能凭借个人主观想法来决策。例如，某主营家居用品的商家想要深入分析店铺的主力引流商品，重点打造爆款商品，后台的部分数据分析分别如图1-12和图1-13所示。

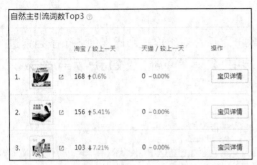

图 1-12 自然引流词排名

图 1-13 直通车引流词排名

通过综合分析发现，不管是自然引流商品，还是直通车引流商品，其中一款睡床的关键词引流排名很靠前，且呈增长趋势。由此可判断，这款商品的关键词属于店铺的主力引流词，能够为店铺带来流量，产生成交转化，所以，这款商品可作为爆款商品的候选之一。

## 1.2 数据分析的思维和基本流程

从数据到信息，数据分析人员必须掌握一些基本的思维方式和基本流程，数据分析需要用到什么样的思维方式？数据分析的基本流程是怎样的？

### 1.2.1 数据分析的思维

我们知道，数据分析就是将无价值的数据变成有价值的信息。数据分析的目的就是解决某个问题或满足某个需求。数据分析人员在数据分析的过程中，也就是从数据到信息的过程中应该具备一些思维方式。

**1. 对比思维**

对比思维是数据分析中最基本的思维，也是最重要的思维。对比思维在电子商务的实际工作中得到了广泛应用，如选品、测款以及店铺销售额等数据，如果这些数据没有对比数据，分析人员就无法从数据中获取有用信息。某店铺 A 商品第 1 周与第 2 周的销售量对比如图 1-14 所示。

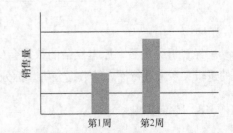

图 1-14 某店铺 A 商品第 1 周与第 2 周的销售量对比

### 2. 拆分思维

拆分思维就是在确定一个分析因素（对象）之后，对组成这个因素的各个子因素进行分析，以便于细节分析。例如，销售额＝成交用户数 × 客单价，成交用户数＝访客数 × 转化率。其拆分示意图如图1-15所示。

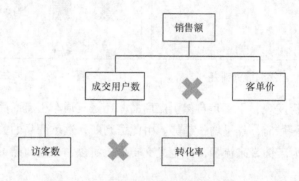

图1-15　使用拆分思维分析销售额

同理，也可以对流量进行拆分，掌握流量的分类，能够极大地提升数据分析的工作效率，如图1-16所示。

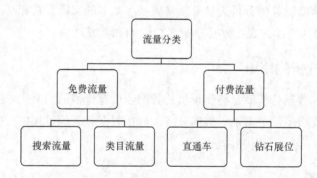

图1-16　使用拆分思维分析流量

经过拆分之后，原本复杂的数据会变得更易理解，数据分析人员能够根据数据之间的逻辑关系来进行深入的数据分析。拆分思维是数据分析人员必备的运营思维之一。

### 3. 降维思维

许多数据分析人员经常会陷入这样的困境：面对一大堆多个维度的数据束手无策。当数据维度较为广泛时，不可能做到面面俱到，那么，数据分析人员可以选择部分具有代表意义的数据进行分析，如表1-1所示。

表1-1 使用降维思维进行数据分析

| 日期 | 浏览量/个 | 访客数/个 | 访问深度 | 销售额/元 | 销售量/件 | 订单数/件 | 成交用户数/个 | 客单价/元 | 转化率 |
|---|---|---|---|---|---|---|---|---|---|
| 2019-3-1 | 2 584 | 957 | 3.5 | 9 045 | 96 | 80 | 67 | 135 | 7% |
| 2019-3-2 | 3 625 | 1 450 | 4.1 | 9 570 | 125 | 104 | 87 | 110 | 6% |
| 2019-3-3 | 2 572 | 1 286 | 2.8 | 12 780 | 130 | 108 | 90 | 142 | 7% |
| 2019-3-4 | 4 125 | 1 650 | 1.9 | 15 345 | 143 | 119 | 99 | 155 | 6% |
| 2019-3-5 | 3 699 | 1 233 | 3.6 | 8 362 | 107 | 89 | 74 | 113 | 6% |
| 2019-3-6 | 4 115 | 1 286 | 2.2 | 14 040 | 130 | 108 | 90 | 156 | 7% |
| 2019-3-7 | 6 582 | 1 763 | 2.9 | 22 755 | 185 | 142 | 123 | 185 | 7% |

其实，也没有必要对每个维度的数据进行分析，可以只选择对分析有用的数据进行分析。例如，分析表1-1中的销售额，我们知道：销售额 = 成交用户数 × 客单价，成交用户数 = 访客数 × 转化率。那么，就可以排除部分关联度不大的数据，直接将访客数、销售额、成交用户数、客单价以及转化率等核心数据串联起来进行分析，从而达到降维的目的。

**4. 增维思维**

增维思维和降维思维是相对的。降维是将复杂的数据简单化，提炼核心数据来开展分析工作；而增维则是将简单数据多元化，借助多维度的数据来分析，增维也被称为"辅助列"，如表1-2所示。

表1-2 使用增维思维进行数据分析

| 序号 | 关键词 | 搜索人气/个 | 搜索指数/个 | 占比 | 点击指数/个 | 商城点击占比 | 点击率 | 当前宝贝数/个 |
|---|---|---|---|---|---|---|---|---|
| 1 | 连衣裙女 | 391 857 | 1 106 515 | 61.22% | 106 631 | 41.08% | 56.19% | 11 724 |
| 2 | A字裙显瘦 | 291 759 | 639 156 | 6.35% | 66 278 | 34.85% | 56.25% | 322 570 |

续表

| 序号 | 关键词 | 搜索人气/个 | 搜索指数/个 | 占比 | 点击指数/个 | 商城点击占比 | 点击率 | 当前宝贝数/个 |
|---|---|---|---|---|---|---|---|---|
| 3 | 沙滩裙中长款 | 7 899 | 89 825 | 2.19% | 53 511 | 32.11% | 41.26% | 360 382 |
| 4 | 韩版短裙 | 4 610 | 53 798 | 1.42% | 4 257 | 29.02% | 39.41% | 345 709 |
| 5 | 半身裙 | 3 918 | 51 766 | 1.13% | 3 451 | 27.56% | 35.87% | 92 824 |

利用增维思维分析可以发现：搜索指数和当前宝贝数是两个独立的数据指标，前者表示市场需求，而后者表示行业竞争。所以，数据分析人员可以借助简单的公式：搜索指数÷当前宝贝数＝倍数，而倍数表示市场竞争的激烈程度，通过分析倍数来判断市场当前的竞争情况。

增维思维和降维思维是相辅相成的，数据分析人员在充分掌握两者的运用规律后，可以结合实际案例灵活运用，有目的地开展数据分析和转换运算。

**5. 假设思维**

在实际的数据分析过程中，也会遇到各种棘手的问题，对于把握度不高的数据分析，可以采取假说方法来处理。"假说"是统计学的专业名词，也被称为"假设"，即先假设有了结果，再使用逆向思维推导过程，追根溯源，达到数据分析和推理的目的。在电商数据分析过程中，按照时间序列进行细分（注：并非真正意义上的数据类型），将数据放在坐标轴上，分别是过去、现在和未来。具体如下所示。

➢ 过去：过去的数据是指历史数据，已经发生过的数据。其主要用途是总结、对照和提炼知识。例如，历史店铺运营数据、退款数据、订单数据或者销售额。

➢ 现在：现在的数据是以时间单位定的数据。现在的数据需要和过去的数据相比较，才能分析出两者的差距，单一的数据是没有参考价值的。其主要用途是用于了解现况，发现问题。例如，今天的成交转化率就是现在的数据。

➢ 未来：未来的数据是指未发生的数据，需要通过预测才能够得到。其主要用途是预测数据，做好相关的运营和优化工作，尤其是风险性预测。例如，店铺参加活动的营销成本预算、销售额预测、店铺规划等。未来的数据仅供参考，基于多方面的影响，实际结果和预测结果会有一定的偏差。

综上所述，3种数据是单向流动的，未来会变成现在，又会变成过去。所以，数据分析人员需要结合实际的运营来做好相关的时间规划，这样每阶段的数据分析就十分清晰，有助于推进数据分析工作的开展。

假设思维就是从结果到原因，通过逆向分析思维来推导，什么原因导致现有的结果，一步步有逻辑地推理，寻找最佳的解决方案。

## 1.2.2 数据分析的基本流程

数据分析是以商业目的为前提，进行收集、整理、加工和分析数据，提炼有价信息的一个过程。数据分析的基本流程如图 1-17 所示。

图 1-17　数据分析的基本流程

### 1. 明确分析目的

进行数据分析一定要有目的，不要为了分析而分析。在进行数据分析之前，数据分析人员首先必须明确分析的目的是什么、想要达到什么样的效果、需要解决什么业务问题。

### 2. 数据收集

数据收集是建立在明确的目标和分析内容的框架基础上，有目的地收集、整合相关数据的一个过程，它是数据分析的基础。例如，想了解转化率与流量之间的关系，就只收集访客数和转化率相关的数据，其他无关的数据都不用收集。

采集数据的途径有很多，常用的有店铺订单数据、淘宝排行榜数据、生意参谋、生 e 经等。

 提示

网店数据的采集通常使用手动复制或下载的方法，以及其他第三方开发的工具。

### 3. 数据处理

数据处理就是指对收集的数据进行加工、梳理，该删除的删除、该计算的计算，将收集的数据整理成一种有效的数据形式，以便为数据分析做准备。数据处理在数据分析的整个过程用时最多，数据处理过程决定了数据质量，是数据分析中基本的重要环节。

### 4. 数据分析

数据分析就是指使用工具（如 Excel、Power BI）和科学的方法（方差、回归等方法）

与技巧对处理好的数据进行分析,挖掘出数据的因果关系、内部联系、业务规律,从而获得一些有价值、有意义的结论,为决策者提供决策参考。

**5. 数据展现**

数据分析完成后,需要将数据分析的结果呈现给阅读者,为了方便阅读,数据分析人员通常使用图、表(折线图、饼图、漏斗图、金字塔图等)来代替堆砌的数据,这样更能形象、直观地呈现出数据分析的信息、观点与建议。

**6. 撰写报告**

数据分析的所有工作完成之后,最后一项重要工作就是撰写分析报告,它是对整个数据分析的一个总结与汇报。通过分析报告,数据分析人员把数据分析的目的、过程、结果与方案建议完整地呈现出来,以供决策者决策参考。

## 1.3 电商数据分析常用方法

只要电商从业人员掌握常用的数据分析方法,充分借助各类专业的数据统计和分析平台,掌握行业的发展规律,也能够自主地进行数据分析。

从初期的简单数据分析开始,观察、预测流量的变化;中期的进阶分析,培养闭环分析思维,不断优化数据分析方案,直至方案落地实施;后期的高级数据分析,凭借积累丰富的数据分析经验,掌握科学的数据分析方法,运用建模的思维来开展电商数据分析,更加全面、精准地分析数据。

### 1.3.1 细分分析法

电商数据分析的基础分析方法就是细分分析法,细分分析法是指按照一定的参考标准,将整体数据细分为若干个数据,再进行内部分析与统计。

简单地说,在进行数据分析时,需要按照一定的细分角度对数据进行细分,在细分的过程中找出具有代表性的核心数据,再对这些核心数据进行深入分析,从而得到精准的数据分析结果。通常情况下,可以从以下细分角度对数据进行细分。

➢ **细分区域**:按照区域对数据进行细分,针对主要消费区域进行人群属性的细分,找准主要消费群体,有的放矢。

➢ **细分渠道**:按渠道进行细分,如自主访问、付费推广、老客户以及老客户转介绍等渠道,不同渠道所产生的成交转化不同,因此,可以针对不同渠道的客户制定相应的营销方案。

> 细分时间：从时间的角度进行细分，不同时间段呈现出不同的数据。由于消费者购物的时间越来越碎片化，可以根据数据分析出消费者购物的黄金时间段。

> 细分用户："物以类聚，人以群分"，不同年龄阶段的人的兴趣和爱好有所不同，老年人的关注点不同，年轻人的爱好点不同，小孩的兴奋点又具有特色。

> 细分行业：要想深入地研究某一细分领域的核心数据，需要对行业进行细分，如图 1-18 所示。

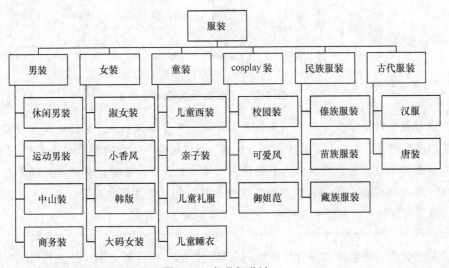

图 1-18　行业细分法

细分分析法的应用是一个比较复杂的过程，需要将不同的切入点作为分类的依据，而不同的切入点则可能会产生不同的细分结果。所以，电商从业人员需要把握好切入点，以最佳切入点来细分，才能得到比较精准的分析数据。

## 1.3.2　对比分析法

对比分析法是指通过将两个或两个以上相关联的数据进行比较，以期达到能够了解数据内部规律的效果。在电商数据分析过程中，对比分析法能够直观地反映出数据的变化趋势，精准、量化地展示出对比数据之间存在的差异。

【实例2】

某主营地方特产的淘宝商家，为了配合节日进行大促销，提前考察店铺的流量情况，对 1—3 月的流量数据进行了统计，如图 1-19 所示。

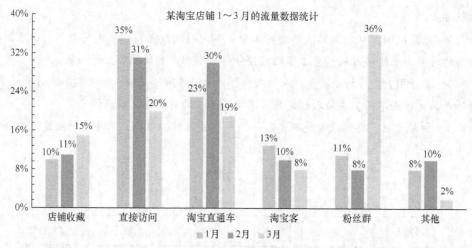

图1-19 对比分析法的应用

通过数据对比分析发现，从整体层面来看，在最近3个月，直接访问和淘宝直通车是店铺流量的主要入口，店铺收藏、淘宝客和粉丝群作为流量的辅助入口。

从局部来看，粉丝群一直为店铺输入流量。在3月，店铺流量的最大流量入口是粉丝群，高达36%的流量，甚至超过了直接访问和淘宝直通车的流量。由此可见，在电商行业中，粉丝经济效益对于店铺的运营具有举足轻重的意义。

对比分析法是电商数据分析中运用非常广泛的一种分析方法，往往是以时间轴为依据，对于量化的数据进行对比，规模大小、增长速度以及同行差距等多方面的结果都能够清晰化地呈现出来，这种数据分析方法对于初级阶段的电商从业人员非常适用，操作简单、易懂，数据分析结果也比较准确。

在采用对比分析法时，一定要选择合适的参考标准，如果参考标准受到外界的干扰较大，则可能会影响数据分析的结果，甚至会错误地分析和预测。

> **提示**
>
> 在电商数据分析中，通常从不同时期、竞争对手或行业、优化及活动前后这几个维度进行对比。

### 1.3.3 AB测试法

AB测试法，即为实现同一个目标而制定A、B两个方案，A为目前方案，B为新方案，通过测试比较这两个方案所关注的重要数据，然后直接选择效果最好的那个方案。在使用AB测试法进行测试数据收集时，一定要注意收集留存率以及对收入利润的影响，因为这是测试的重点。

在电商数据分析中，AB 测试法应用最多的就是直通车创意图的优化。运营与设计人员首先设计制作多个直通车创意图方案并进行广告投放，分别测试各个方案的效果；然后对测试的效果进行优化，优化时要先对直通车创意图片的文案创意要素进行分析，是不是文案的创意性不够或不能表达主题，还是产品的图片拍摄方面的问题；最后不断地对方案进行优化，通过对大量数据进行比较，测试出哪个方案更适合大众消费者，以达到优化创意图的效果。

### 1.3.4 漏斗分析法

漏斗分析法是一套科学的流程式分析模型，很直观地反映了用户行为，通过各个阶段的用户行为来反映成交转化率。漏斗分析的本质是通过数据流程的变化来控制结果，通过评估各个环节的数据转化情况，进而达到优化数据的目的。

【实例 3】

某电商从业人员采用的是传统的平铺式的分析方法，所呈现出来的数据在视觉上比较"平庸"，不能直观地反映出数据的转化情况，图 1-20 所示为平铺式商品成交流程转化率分析图。

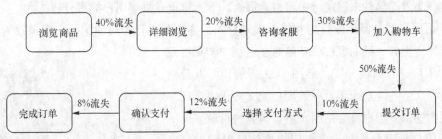

图 1-20 平铺式商品成交流程转化率分析图

仅从流程式的数据中无法精准地判断店铺的具体成交转化率，所以，该商家对流程图进行了优化，采取有层次、有模型、有逻辑的数据分析方法——漏斗分析法，如图 1-21 所示。

漏斗分析模型是以"流失率"为核心数据来进行分析和研究的，流失率是反映用户从看到商品到最后成交转化的重要指标。流失率越大，说明网店需要优化的地方越多，包括主图的设计、详情页的文案、

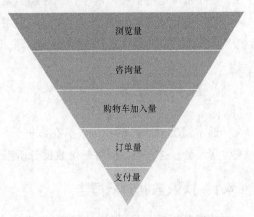

图 1-21 漏斗模型商品成交转化率分析图

客服的接待以及支付方式等多方面；流失率越小，则说明用户的购买意愿越强烈，网店的运营是良好的。

通过漏斗分析模型可以很直观地看到每个环节的情况，如用户的转化情况、流失情况，可以帮助我们快速发现问题，及时调整问题，把问题具体化和细分化，在营销推广中提高流量的价值和转化率。

漏斗分析法适用于流程比较多且规范的环节，如消费者的购买环节会涉及加入购物车、下单以及最后评价等环节。

### 1.3.5 类聚分析法

常言道："物以类聚，人以群分"。这种说法被应用到数据分析中，因此产生了类聚分析法。类聚分析法是指将抽象的数据按照类似的对象来进行分析，类聚分析法是电商数据分析常采用的方法之一，采用这种分析法能够发现数据之间更深层次的关联与含义。

在电商数据领域中，类聚分析法运用得最为广泛的是对用户的类聚分析。通过大数据对海量用户的追踪和深入挖掘，能够精准地发现用户的相同或者相近的属性，进而通过这些类聚的属性来制定营销策略。那么，下面将重点讲解用户类聚分析法。

用户聚类主要是以行为和属性来划分的，拥有共同行为属性的用户会被视为同一用户群体。例如，某商家按照年龄对在店铺中购买过商品的用户进行属性分类，如图 1-22 所示。可以看到年龄在 25～34 这个年龄段的用户成交转化率最高，这说明这部分用户将会是商家重点研究的对象。

用户类聚分析对于主力用户群体的属性进行细分，旨在精准地定位用户群体，在后期运维和推广阶段，能够由点到面地开展营销活动，引发用户的归属感，形成群体营销的局面，最大程度地降低推广成本。

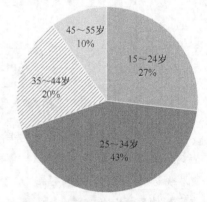

图 1-22　某店铺成交用户的年龄分布

## 1.4　撰写数据分析报告

通常情况下，数据分析人员在数据分析完成以后，需要将数据分析的结果展现给相关运营人员，这时需要撰写一份数据分析报告。

### 1.4.1　认识数据分析报告

数据分析报告是通过对项目数据进行全面而科学的分析来评估项目的可行性，为项目决策者决策项目提供科学而严谨的依据,以降低项目运营风险,提高企业核心竞争力。

众所周知,单个的数据是没有什么价值的,但如果经过数据分析人员的分析之后,数据被转化为相关信息,这样的信息就有价值了。而只有将这些有用的信息转变成可操作的方案,才能为决策者提供决策的依据。我们将数据分析所得到的信息转变成方案的这一过程称为数据分析报告的形成过程。

### 1.4.2 数据分析报告的原则

#### 1. 规范性原则

这是数据分析报告的基本原则,即数据分析报告中所使用的名词术语要规范,标准要统一,前后要一致。同时,数据分析报告要具有很强的可读性,必须站在阅读者的角度去撰写。最后,数据分析报告中不要使用太多难懂的名词。

#### 2. 重要性原则

数据分析报告必须要体现项目分析的重点内容。在数据分析中,应该重点选取真实、可靠的数据源指标,构建相关模型,进行科学、专业的分析,并且在分析结论中要按照问题的重要性来排序。另外,分析结论不要太多,要突出重点,最好一组数据分析出一个最重要的结论。

#### 3. 谨慎性原则

数据分析报告的撰写过程一定要谨慎,主要表现在采集的基础数据必须要真实可靠且具有说服力;分析的过程必须要科学合理全面且有逻辑性;分析的结论必须要有严谨的数据分析推导过程,不要太主观或有猜测性的结论;建议内容要实事求是,不要害怕或回避"不良结论"。

### 1.4.3 写作数据分析报告的基本要点

数据分析报告就是对数据分析过程的总结与展现,通过报告,把数据分析的起因、过程、结论及建议完整地展现出来,便于项目决策者参考。

数据分析报告对于一个数据分析师来说是至关重要的,它是整个分析过程的成果展现,是评定一个商品、一个运营项目的定性结论,也是决策者决策项目的重要参考依据。因此,数据分析人员应该学会写好一份数据分析报告。写好一份数据分析报告必须掌握以下基本要点。

### 1. 数据分析报告需要有一个分析框架

首先，数据分析报告需要有分析框架，并且要求内容结构清晰，图文并茂，让阅读者一目了然。结构清晰、主次分明能够让阅读者准确理解报告内容；图文并茂能够让数据生动形象，具有视觉冲击力，有助于阅读者更直观地认识问题和结论，从而产生思考。

### 2. 数据分析报告需要有明确的结论

数据分析报告必须有明确的结论，数据分析的目的就是要获得一个明确的结论（或结果），如果一个数据分析报告没有明确的结论，那么分析就毫无价值，也失去了它的意义。

分析结论必须要基于严谨的数据分析推导过程，不要主观臆断和有猜测性的结论。同时分析结论不要太多，精简的结论容易让阅读者接受。

另外，要得到可靠的分析结论，必须基于可靠的数据源，收集的数据必须是正确的，分析的方法也必须是科学的。

### 3. 分析报告要具有逻辑性和可读性

分析报告应该遵守"发现问题→总结问题原因→解决问题"这一流程。

分析报告要具有很强的可读性，即分析报告必须站在阅读者的角度去写，让每个阅读者无障碍阅读，分析报告名词术语必须要规范，标准要统一、前后要一致，不要使用太难懂和生僻的名词术语。

可读性的另一表现就是分析报告要尽量图表化，使用图表来代替大量烦琐的数字有助于阅读者更形象、更直观地看清问题和结论。

### 4. 分析报告必须要有建议或解决方案

最后，分析报告必须要有建议或解决方案。数据分析报告是给项目决策者看的，是决策者作为决策的重要依据，报告仅给出结果和找出问题是不够的，决策者更看重的是建议或解决方案。因为数据分析人员就是为决策者解决问题的，数据分析人员不仅要掌握科学的数据分析方法，而且要非常了解和熟悉业务，才能提出具有可行性的建议或解决方案。

数据分析报告的基本要点如图 1-23 所示。

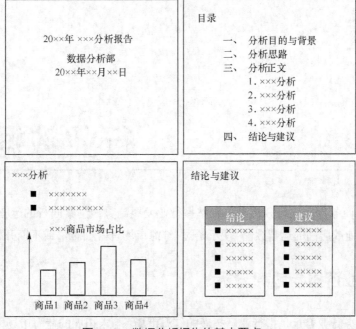

图 1-23 数据分析报告的基本要点

分析报告通常前面有一段导语,导语包括前言、总述、开头,以此来说明数据分析的目的和背景。

## 实践与练习

① 借助阿里指数来分析女装行业在当前的行业大盘搜索趋势,并且导出关键词热搜榜、关键词转化率榜以及关键词上升榜。

② 简述网店运营的数据化分析的六大指标,试着用图表分析法来举例说明首页流量对于店铺运营的影响和重要性。

# 第 2 章

# 行业数据分析

对电子商务行业进行分析，可以掌握行业发展趋势，洞察同行的运营策略，及时优化和调整企业或店铺的运营战略，便于透过"红海市场"深挖商机，或不断开拓"蓝海市场"。

## 2.1 行业容量与趋势分析

电子商务行业容量是指行业已拓展的红海市场[1]与未拓展的蓝海市场[2]之和。已拓展的红海市场竞争异常激烈，品牌商家已经脱颖而出，布局自己的市场，而众多的小商家则在夹缝中求生存。未拓展的蓝海市场则待开发，具有一定的风险性和未知性，部分有战略眼光的商家，通过拓展蓝海市场，抢占先机，逐步壮大。

分析和研究行业容量数据，可以对将要进行的业务的规模进行预判；分析和研究电子商务趋势，可以及时调整业务方向。对行业容量与商务趋势的分析与研究，是电商数据分析从业者应掌握的基本技能。

### 2.1.1 根据数据平台分析行业趋势

具有一定店铺运营经验的商家不会根据自己的喜好来妄断市场的喜好，也不会盲目跟风而入市，更不会脱离市场来展开营销，而是充分迎合市场的需求，市场需要什么，就销售什么。要分析行业数据，必须先获取行业数据。对于电商从业人员来说可以通过哪些数据分析平台来分析市场趋势呢？常见的数据分析平台有阿里巴巴的阿里指数、百度的百度指数、京东的商智等。下面我们主要从阿里指数和百度指数两个专业数据平台来讲解如何通过这两个平台分析市场趋势。

---

[1] 红海市场：有时指已开拓的市场，有时指竞争激烈趋于白热化的市场，具体含义随上下文而定。在这里是指已开拓的市场。
[2] 蓝海市场：有时指未开拓的市场，有时指利润高、竞争少的市场，具体含义随上下文而定。在这里是指未开拓的市场。

1. 阿里指数

阿里指数是以阿里电商数据为核心，专业针对电子商务市场动向研究的数据分析平台。它也是一个社会化的大数据共享平台，主要是对电商市场的行业价格、供需关系、采购趋势等数据进行分析，作为市场及行业研究的参考，帮助中小企业用户、市场研究人员，了解市场行情、查看热门行业、充分掌握市场行情的动态。阿里指数的首页如图2-1所示，根据其功能的不同，阿里指数划分为行业大盘、属性细分、采购商素描等六大功能模块。

图2-1 阿里指数的首页

【实例1】

某主营灯饰照明的商家在阿里指数中查询行业关键词排名情况，图2-2和图2-3所示分别是行业关键词的上升榜和热搜榜、关键词的转化率榜和新词榜。

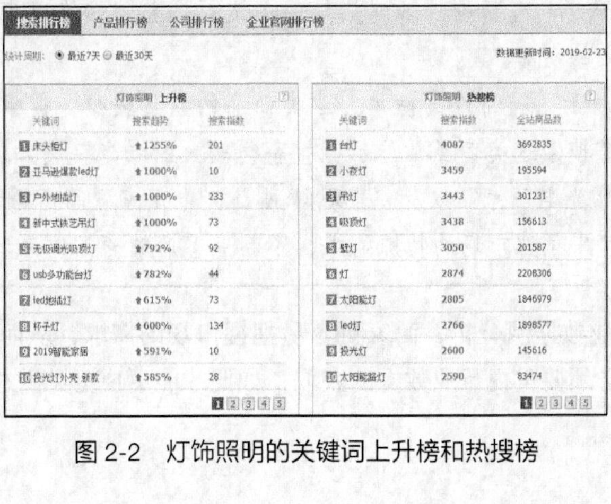

图2-2 灯饰照明的关键词上升榜和热搜榜

| 灯饰照明 转化率榜 | | | | 灯饰照明 新词榜 | | |
|---|---|---|---|---|---|---|
| | 关键词 | 搜索转化率 | 全站商品数 | 关键词 | 搜索指数 | 全站商品数 |
| 1 | 蜜蜂灯串 | 94% | 276 | 景观灯 刚耀 光电厂家 | 1761 | 27 |
| 2 | 萌宠投影灯 | 93% | 103 | 路灯 刚耀光电厂家 | 1106 | 25 |
| 3 | 一束光投光灯 | 92% | 744 | 景观灯 刚耀光电厂家 | 1100 | 27 |
| 4 | 电视背光灯条 | 92% | 1295 | 问鹿音乐灯 | 242 | 26 |
| 5 | 理发店转灯 | 92% | 552 | 迪格斯 | 229 | 40 |
| 6 | 皮炎台灯 | 92% | 56 | ufo助眠灯 | 215 | 14 |
| 7 | 发廊转灯 | 91% | 551 | 万圣节女巫帽子灯串 | 210 | 10 |
| 8 | 吸顶灯罩 | 91% | 5987 | 雷士照明官方旗舰店 | 186 | 10 |
| 9 | 声控灯泡 | 91% | 998 | 3d打印火箭灯 | 161 | 11 |
| 10 | 日式吊灯 | 91% | 5552 | 倒酒灯 | 161 | 24 |

图 2-3　灯饰照明的关键词转化率榜和新词榜

　　首先，上升榜按照搜索关键词的搜索增长幅度来考量行业的需求，某一关键词的增长幅度大，说明该商品的市场需求具有较大的潜力。例如，"床头柜灯""亚马逊爆款 LED 灯""户外地插灯"以及"新中式铁艺吊灯"等关键词的搜索趋势均超过了 1000%，数据直接呈现了市场存在的巨大需求，所以，商家可以从上升榜中获取近期市场的新需求，并且以此作为店铺新品开发的参考标准之一。

　　其次，热搜榜按照关键词的搜索指数来对市场需求进行排名，关键词的搜索指数高，说明该商品具有较大的搜索流量。例如，"台灯""小夜灯""吊灯""吸顶灯"以及"壁灯"等商品具有较大的搜索流量，是当前市场中搜索量较大的商品。商家可以根据热搜榜来优化店铺商品，上架具有较大搜索量的商品，下架搜索量较小的商品。

　　再次，转化率榜主要是以商品的搜索转化率为参考，对商品进行排名。搜索转化率越高的商品，往往是市场较为畅销的商品。例如，"蜜蜂灯串""萌宠投影灯""一束光投光灯"以及"电视背光灯条"等商品的搜索转化率较高，属于当前比较畅销的商品。商家可以参考转化率榜，有目的性地对店铺商品进行调整，始终以市场需求为参考，多开发市场需求度较大的商品。

　　最后，新词榜属于比较特殊的榜单，这类商品的数量较少，搜索量不大，市场的竞争度较小，一旦买家搜索这类商品，能够直接获得较大的曝光。例如，"景观灯 刚耀光电厂家""路灯 刚耀光电厂家"以及"景观灯 刚耀光电厂家"等商品均属于新词类商品。商家可以借助新词榜来了解市场的特殊需求，不断完善店铺商品体系。

　　通过以上的行业数据源分析，商家更容易把握市场的需求，从而制定更合理的营销策略。因此，商家必须要重视行业数据的获取，如此才能更快更灵敏地把握市场。

## 2. 百度指数

百度指数是基于百度网民搜索数据的统计分析平台，从发布之日起就被很多企业作为制定营销策略的参考。百度指数包括搜索指数、咨询指数、媒体指数、需求图谱、人群画像这 5 个重点功能，如图 2-4 所示。商家可使用百度指数调查消费者的关注点和需求。而对于行业趋势分析，商家常用的是搜索指数和人群画像两个功能。

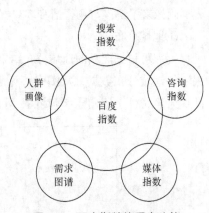

图 2-4　百度指数的重点功能

（1）搜索指数

搜索指数主要以网民的搜索量和搜索关键词为依据，分析、计算各个关键词的搜索频率。搜索指数主要包括搜索指数趋势以及搜索指数概况。图 2-5 所示为关键词"风衣"搜索量页面图。从关键词的搜索量图中可直观查看实时、近 7 天、近 30 天或近半年的"PC+移动"搜索量变化。

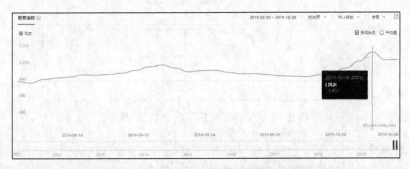

图 2-5　关键词"风衣"搜索量页面图

通过搜索指数情况，可清晰了解商品关键词搜索量的整体日均值、移动日均值以及搜索指数整体同比、整体环比、移动同比、移动环比的变化情况。图 2-6 所示为关键词"风衣"的搜索指数概况，可供商家对市场行情变化做出判断。

| 关键词 | 整体日均值 | 移动日均值 | 整体同比 | 整体环比 | 移动同比 | 移动环比 |
|---|---|---|---|---|---|---|
| 风衣 | 1,068 | 922 | -28% ↓ | 29% ↑ | -28% ↓ | 29% ↑ |

图 2-6　关键词"风衣"的搜索指数概况

（2）人群画像

百度指数的人群画像功能能够告诉商家：在特定时间段内，某个关键词在百度的搜索规模，以及搜索人群的地域分布、人群属性等内容。商家可根据分析某一商品类目的人群画像来了解该市场行情和客户群体特征。

①地域分布。

商家可根据商品的地域分布结果来对商品市场进行初步判断。图2-7所示为关键词"火锅"的地域分布数据，从图中可见成都的搜索量最高，北京和重庆次之。如果商家的商品是火锅底料、火锅配菜等商品，可以重点分析成都、北京、重庆等地区客户的消费特点。

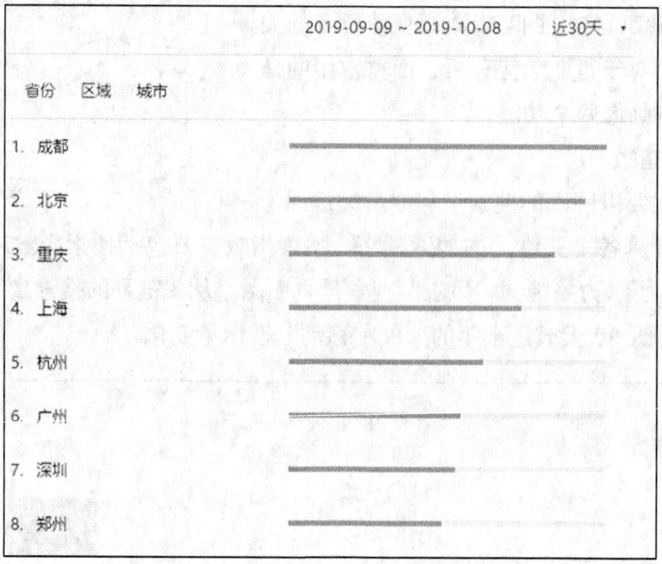

图2-7 关键词"火锅"的地域分布数据

②人群属性。

人群属性板块提供搜索某关键词人群的性别、年龄、兴趣等内容。图2-8所示为"水桶包"的年龄分布图和性别分布图。根据分布图可知，搜索"水桶包"的网民集中在20～29岁的女性。商家在水桶包的风格、功能、定价等方面都应重点考虑女性客户的需求和消费特点。

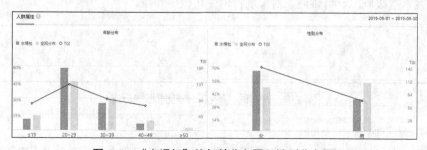

图2-8 "水桶包"的年龄分布图和性别分布图

除以上数据外,商家在选品时,还可关注以下数据。

> 资讯指数:根据百度数据把网民的阅读、点赞、评论、转发等行为的数量加权求和,用数据变化趋势来衡量网民对内容的关注度。商家可根据这一指数分析网民对某一行业的关注度。

> 媒体指数:主要指在互联网媒体报道的新闻、咨询中,与商品关键词相关的新闻数量。商家可根据这一数据查看该商品类目近期的热门程度,一般出现在媒体报告中次数较多的商品,是目前较为热门的商品。

> 需求图谱:针对特定关键词相关检索得到相关关键词,便于商家查看商品热门关键词。

## 2.1.2 行业大盘与细分市场容量分析

获取行业数据源,并非凭空想象,而是采取真实的数据作为支撑,再对数据进行筛选、细化和分析。以整个行业为支撑,逐步细分到所在类目和领域,实现由面到点的落地。

### 1. 行业大盘

行业大盘是阿里巴巴通过对用户数据(浏览、收藏、分享、成交、退换、代理、分销)行为进行量化处理的大数据展示平台。行业大盘主要包括行业数据概况和相关的热门行业、潜力行业。下面将以阿里巴巴行业大盘为例,逐步讲解如何进行市场数据化分析。

【实例2】

某淘宝店铺主营彩妆类目商品,商家想要借助行业大盘的趋势来进行数据分析,了解当前阶段市场发展的趋势。

商家直接在阿里指数中输入所在行业的关键词进行查询,美容护肤/彩妆的行业大盘如图2-9所示。近30天彩妆类目在全类目的采购指数的排名是第14名,从类目整体的趋势来看,整体趋势呈现出"凹"形,第一个波谷出现在2019年2月4日,淘宝采购指数和1688采购指数降到波谷;紧接着,第二个波谷是2019年2月8日左右,1688供应指数降到波谷。除了两个波谷期,整体趋势较为平稳。

结合具体的时间节点来分析,2019年2月4日是除夕。在放假期间,快递暂停营业,商家暂停发货,客户的成交转化率也因此受到了影响。随着春节假期的结束,淘宝采购指数、1688采购指数和1688供应指数也开始"回温"。商家在分析市场发展趋势的时候,一定要结合具体的时间节点,切忌脱离实际来分析。

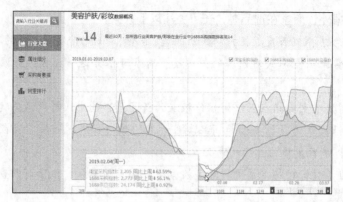

图 2-9 美容护肤/彩妆的行业大盘

> **提示** 关于行业大盘的变化趋势
>
> 行业大盘趋势是根据阿里巴巴电商平台的搜索、转化和成交等多方面的数据来显示的,数据趋势是实时变化的,需要淘宝商家时刻关注,提前布局和规划。本案例仅提供数据分析方法,并不能作为实际运营和决策的依据。

### 2. 细分市场容量分析

在以行业大盘为参考标准分析后,还需要对细分市场容量进行分析。以"彩妆套餐"为切入点,选取"功效"和"净含量"两个维度,逐一分析商品的细分市场。

按照"功效"来细分,行业的热门关键词包括修饰、遮瑕、保湿、控油和补水,而采购指数和供应数量处于相对平衡的位置,如图 2-10 所示。商家若想打造爆款商品,可以重点关注 1688 采购指数的前 3 种属性。

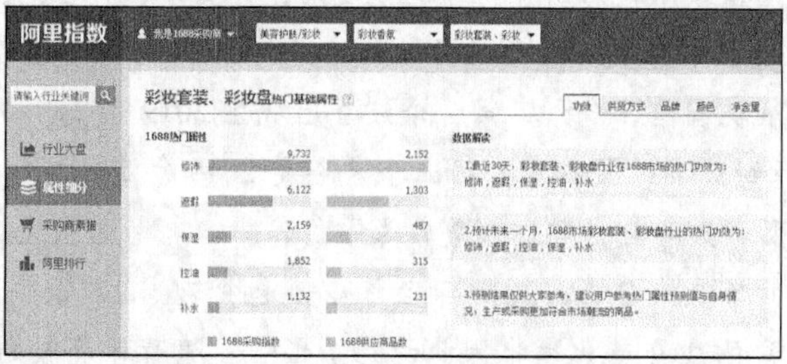

图 2-10 美容护肤/彩妆的功效细分

按照"净含量"来细分,行业的热门关键词包括彩妆 4 件套、5 件套和眼影,其中"5 件套"和"眼影"处于供不应求的状态,市场空间非常大,如图 2-11 所示。那么,商家接下来应重点打造这两大类目,实时关注数据变化,有针对性地打造爆款商品。

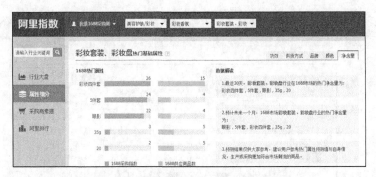

图 2-11 美容护肤/彩妆的净含量细分

细分市场容量分析的切入点较多,商家需要结合自身产品的属性和卖点,多参考热门类目的属性,关注市场的需求变化,始终以用户需求为导向,才能够打造出更多符合市场潮流的爆款商品。

## 2.1.3 行业数据趋势分析

在精准地获取了行业数据源之后,以所在的行业为参考,结合自身的实际情况来展开细分市场的数据分析,帮助商家及时地掌握行业趋势,预判行业在未来的大体走势。

【实例3】

某主营母婴用品的淘宝商家对行业的整体数据趋势进行分析,图 2-12 所示是母婴用品的采购商身份,母婴用品行业新进入的采购商占比达到 55.18%;在老采购商中,超过 50% 的采购商最近 1 年采购次数在 12 次以上。淘宝店主的占比达到 46.25%;其中,心级的淘宝店主采购最多。

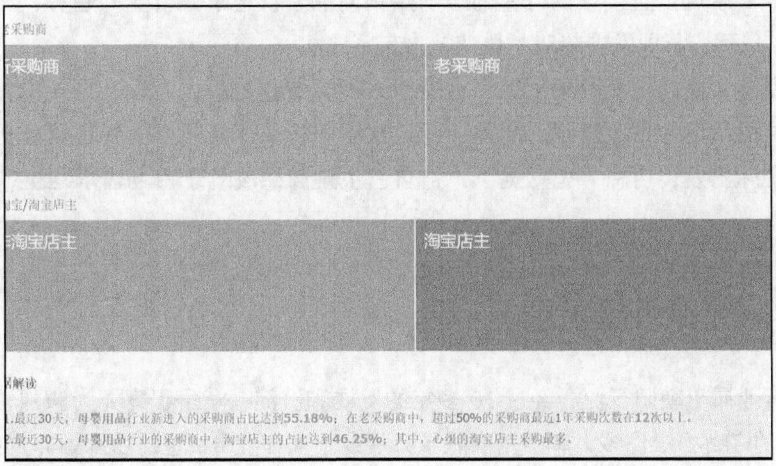

图 2-12 母婴用品的采购商身份

为进一步了解行业的货源详情，商家也可以直接登录"淘货源"，直接输入关键词"母婴用品"即可查看行业整体数据趋势，如图2-13所示。

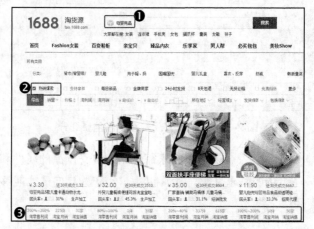

图2-13　淘货源的母婴用品行业趋势

在母婴行业中，直接选择"热销爆款"，即可查看行业中当前的热销商品，1688平台为了帮助商家分析商品详情，每款商品的价格、近30天成交量、回头率、淘零售利润、淘宝月销以及淘宝销售等数据都清晰地展示出来。

商家了解这些信息后，通过同款货源可以查询到同行的货源渠道。通过进货成本、进货渠道以及供应商的服务质量等多方面对比，商家可以有更多的货源渠道的选择权。若淘货源的商品更优质，那么，商家可以考虑增加或者更换进货渠道。

其次，商家可以直接查询行业的当前热销商品，快速掌握行业的趋势，调整店铺的营销策略，以适应行业发展趋势，快速抢占市场先机。

综上所述，商家要充分地借助平台资源来展开数据分析，有理有据，稳扎稳打，才能够在激烈的市场中站稳脚跟。此外，行业数据分析属于宏观层面的数据分析，一定要从平台的实际出发，切忌"凭感觉"，把自己主观臆想凌驾于市场需求之上，否则会以失败告终。

## 2.2　行业竞争环境分析

电商行业属于朝阳行业，经过10多年的发展和沉淀，竞争程度尤为激烈，尤其是红海市场的"争夺战"，许多大牌经销商除了开展线下实体业务，也纷纷开始布局线上业务，旨在抢占互联网市场。所以，对于电商商家而言，行业竞争环境的分析是十分必要的，避免盲目跟风入场,也能够为店铺的运营理清思路,有的放矢,数据为先,精准营销。

### 2.2.1 行业需求分析

在整体市场环境的影响下,行业需求分析不可一概而论,需要具体问题具体分析。一般而言,行业需求主要分为宏观环境与微观环境。商家充分调研宏观环境,顺势而为,才能赶上行业的发展脚步,否则,只会被行业淘汰。

#### 1. 行业宏观环境——类目

淘宝是国内最大的电商平台之一,"双十一"是淘宝平台乃至整个电商行业都非常重要的营销节日。在2009年,淘宝商城(天猫的前身)在11月11日举办了一次促销活动,虽然参与的商家和品牌都寥寥可数,但是当天的成交额却高达5 000万元。

在网购还尚未普及的年代,5 000万元是某些电商平台一整个季度的成交额。如此惊人的成交额的背后隐藏着的是巨大的消费力,也是整个电商行业当时所处的宏观环境,京东、苏宁、国美、当当网、蘑菇街以及唯品会等平台迅速跟进。于是,淘宝官方决定11月11日定位每年的大型促销节日。图2-14所示是历年天猫"双十一"当天的成交额。

从天猫的成交数据来看,平台的发展始终是呈现出蓬勃向上的,也就从侧面说明了电商行业的宏观需求是旺盛的,市场还没有触及天花板。所以,商家选择朝阳行业来创业,也是非常明智的选择。

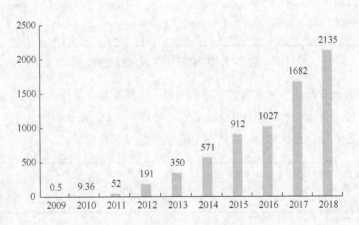

图 2-14 天猫"双十一"全球狂欢节历年成交额(单位:亿元/年)

"双十一"原本是一个流传于年轻单身人群之间的娱乐性节日,但是淘宝商城(天猫的前身)却将这个普通的节日打造成广大消费者耳熟能详的促销节日。由此可见,淘宝对于整个电商行业的推动作用和影响力是巨大的,也是值得广大新手商家创业的平台。

> **提示**　关于"双十一"商标归属权
>
> 为了保护自主知识产权，2011年"双十一"大促之前，阿里巴巴向商标局提出"双十一"商标的注册申请。2015年，阿里巴巴"双十一"商标获准注册，但其并未以此限制其他电子商务企业使用"双十一"字样。
>
> 2014年"双十一"前夕，天猫官方发函：其为第10136470号与第10136420号"双十一"商标的权利人，经阿里巴巴授权，天猫平台享有在相关服务类别上的"双十一"商标专用权，受法律保护，其他任何企业或个人的使用行为都构成商标侵权。

### 2. 行业微观环境

行业的微观环境以商家所在的行业为参考，以做好店铺的运营，尤其是销售额、商品优化、流量等方面的优化。

【实例4】

某主营服饰的店铺在最近7天的成交额，如图2-15所示。从整体上分析，该店铺各指标数据不尽如人意，说明店铺运营策略存在较大的问题。例如，3月5日商品各项指标均呈现出下降趋势，上架商品数量少，动销率跌至谷底，销售量为统计期的最低值。

| 销售分析 | | 03月09日 | 03月08日 | 03月07日 | 03月06日 | 03月05日 | 03月04日 | 03月03日 |
|---|---|---|---|---|---|---|---|---|
| | 销售量 | 82271件 | 98157件 | 122389件 | 110249件 | 947件 | 3367件 | 4760件 |
| | 估算销售额 | 973.75万元 | 1138.27万元 | 1445.26万元 | 1332.71万元 | 13.39万元 | 36.87万元 | 52.3万元 |
| | 销售商品数 | 2748种 | 2820种 | 2979种 | 2632种 | 584种 | 1067种 | 1247种 |
| | 动销率 | 83.02% | 84.61% | 88.87% | 76.31% | 16.40% | 30.16% | 35.63% |

图2-15　店铺最近7天的成交数据

为了深入地分析出店铺在当前存在的问题，还需要结合店铺商品来具体分析。图2-16所示是该店铺在最近7天的商品详情数据，针对商品总数、新品打折、搜索降权、上下架、改价和改标题等指标进行统计，在这里重点关注搜索降权指标。

| 宝贝分析 | | 03月09日 | 03月08日 | 03月07日 | 03月06日 | 03月05日 | 03月04日 | 03月03日 |
|---|---|---|---|---|---|---|---|---|
| | 总宝贝数 | 3310个 | 3333个 | 3352个 | 3449个 | 3561个 | 3538个 | 3500个 |
| | 新品打标 | 789个 | 772个 | 778个 | 787个 | 787个 | 787个 | 695个 |
| | (new)搜索降权 | 3个 | 13个 | 0个 | 20个 | 14个 | 4个 | 8个 |
| | 上新 | 47个 | 20个 | 9个 | 4个 | 17个 | 15个 | 2个 |
| | 下线 | 76个 | 62个 | 116个 | 135个 | 12个 | 14个 | 21个 |
| | 改价 | 243个 | 0个 | 2个 | 962个 | 0个 | 106个 | 66个 |
| | 改标题 | 11个 | 46个 | 48个 | 53个 | 7个 | 173个 | 40个 |

图2-16　店铺最近7天的商品详情数据

最后，还需要对店内的流量进行深入分析，该店铺在最近7天的流量数据，如图2-17所示。该店铺按照免费流量和付费流量进行统计，通过分析发现：店铺的流量优化逐渐见效，3月6日之前，店铺主要依赖直通车关键词引流，而经过优化，3月7日后，店铺的流量主要来自免费流量，店铺流量结构更加合理化。

| 展现引流分析 | | 03月09日 | 03月08日 | 03月07日 | 03月06日 | 03月05日 | 03月04日 | 03月03日 |
|---|---|---|---|---|---|---|---|---|
| 免费 | 总引流宝贝 | 2484个 | 2499个 | 2737个 | 2028个 | 2253个 | 2399个 | 2358个 |
| | 总引流词 | 26185个 | 31370个 | 36350个 | 8215个 | 19765个 | 25247个 | 40719个 |
| | 自然引流宝贝 | 2482个 | 2498个 | 2736个 | 2024个 | 2250个 | 2397个 | 2355个 |
| | 自然引流词 | 25991个 | 31078个 | 33413个 | 4087个 | 16754个 | 23367个 | 39903个 |
| | 豆腐块宝贝 | 24个 | 3个 | 8个 | 5个 | 10个 | 26个 | 29个 |
| | 豆腐块词 | 75个 | 11个 | 30个 | 8个 | 16个 | 77个 | 82个 |
| 付费 | 左侧直通车宝贝 | 0个 | 0个 | 0个 | 0个 | 0个 | 0个 | 0个 |
| | 左侧直通车词 | 0个 | 0个 | 0个 | 0个 | 0个 | 0个 | 0个 |
| | 直通车宝贝 | 59个 | 62个 | 86个 | 92个 | 74个 | 64个 | 60个 |
| | 直通车词 | 292个 | 403个 | 3909个 | 4297个 | 3554个 | 2232个 | 1122个 |

图2-17 店铺最近7天的流量数据

微观的行业需求分析更多的是侧重于店铺本身的运营，通过对店铺运营的优化，这样能够控制营销推广成本，促使店铺的流量结构更加科学化，也能够为店铺运营争取最大的盈利空间。

不管是从宏观环境来分析，还是从微观环境分析，关键的是在掌握市场整体需求的基础之上，不断优化店铺运营，提升自己"内功"，才能在高手林立的淘宝市场中找到立足点，让店铺快速成长起来。

> **提示** 关于搜索降权
>
> 搜索降权是指店铺被淘宝降权，包括PC端和移动端，商品的搜索展现量均下降。一旦被降权，商品的搜索展现量大幅降低，部分商品甚至无法被搜索到，导致店铺的流量大跌，店铺无成交转化，前期付出的努力将会功亏一篑。所以，商家在运营店铺的时候，一定要严格遵守淘宝平台的规则。如果商家发布违禁物品、销售质量低劣的假冒伪劣商品或者发生较严重的交易纠纷，发现有降权的情况，要立即采取处理措施补救。商标专用权受法律保护，其他任何企业或个人的使用行为都构成商标侵权。

### 2.2.2 行业商家分析

行业商家的分析旨在快速了解市场的竞争程度，了解竞争对手的情况，以趋利避害，找准市场的盈利点，快速发现市场新商机。

电商交易平台很多，聚集了成千上万个商家。例如，全球最大的B2B电子商务批发网站——阿里巴巴,还有衣联网、慧聪网、敦煌网等。这里以阿里巴巴交易平台为例讲解如何分析行业商家的情况。

**操作步骤:**

第1步:登录1688找货神器官网。

①直接登录1688找货神器官网,直接在右上角单击"淘宝排行榜",如图2-18所示。

图2-18　登录1688找货神器官网

②页面跳转到淘宝排行榜,直接在右上角选择需要查询的类目和分类,单击"热销榜"即可查看全网的同款货源情况。淘宝上某类目下销量排名前三的商品如图2-19所示。

图2-19　搜索同款货源

第2步:筛选同款货源。

①直接单击第一款商品的标题,即可查看详细的同款货源情况,包括相似货源和同款货源,商家可以快速地掌握同行的情况,尤其是商品的定价、月销售量以及商品详情,如图2-20所示。

第 2 章 行业数据分析

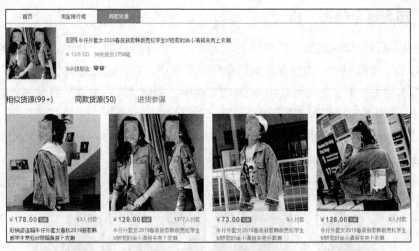

图 2-20 查看同款货源

②直接单击商品标题,即可查看到同款商品的销售数据,包括商品信息、利润价格数据等关键信息,如图 2-21 所示。

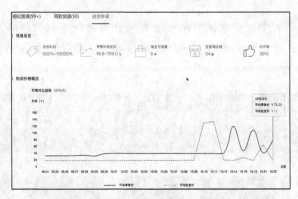

图 2-21 查看同款货源的销售数据

由于淘宝市场竞争越发激烈,对于中小商家而言,掌握同行的情况是实现店铺良好运营的必不可少的手段,通过对比分析同行的营销数据,能够快速调整店铺运营策略,才能够在行业中快速突围。

> **提示** 关于 1688 成交指数
>
> 1688 成交指数是将商品交易过程中的核心数据进行量化处理的结果,包括订单数、商家数、客户数、支付件数、支付金额以及成交转化率等。数值越大代表交易的热度越高,但成交指数不等于成交金额。

### 2.2.3 市场竞争规律分析

淘宝市场虽然体量庞大，汇聚了上亿的客户、上千万商家、种类繁多的服务项目，但竞争却是非常激烈的。如何在这激烈竞争的市场中占有一席之地并生存下去，这是淘宝商家都非常关注的。下面可以在 1688 淘货源中，借助"以图搜货"的形式来判断市场竞争规律，具体操作步骤如下所示。

①直接在淘宝搜索框中输入关键词"牛仔外套女"，将鼠标指针放置于商品主图上，在商品主图的左上角会出现"以图搜货"，如图 2-22 所示。

图 2-22 以图搜货

②在搜索的结果页中，可以很直观地看到同款商品或者相似商品，直接将鼠标指针放到商品的主图上，可以查看零售利润、价格区间、月销量以及淘宝零售店数量等关键信息，如图 2-23 所示。

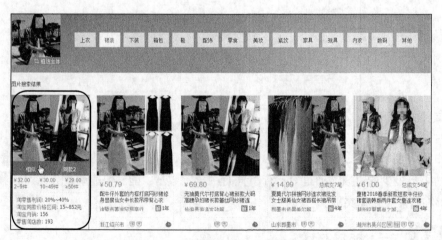

图 2-23 查看同款货源的盈利空间

由此可见，在电商行业中，货源渠道是非常重要的，谁拥有优质的货源渠道，谁就拥有一定的利润空间。因此，商家要通过对货源渠道的多方面分析，选出性价比高的货源渠道，保证店铺货源的稳定性和利润的正常化。

> **提示**
>
> 经过多年的发展，电商市场日趋成熟，电商行业竞争生态形成了良性态势，大部分商家都遵循平台的规则，不会冒着被降权、下架甚至是封店的风险去恶意竞争，官方也在重点打击恶意竞争的行为，旨在为广大商家创造一个良好的市场环境。

## 2.3 从行业中找到蓝海市场

要想赢得更多访客量，提高店铺销售额，最重要的一点就是选择好店铺的行业，选择一个有市场、有价值、有优势的类目，才可能有充足的访客，网店经营才会事半功倍。

### 1. 选择有市场的类目

商场如战场，想要盈利更多，选择市场尤为重要。市场往往意味着需求，只有满足客户的需求，商家才能赚取相应的利润。商家可通过百度指数来分析用户的搜索指数、资讯关注、需求图谱、相关词热度、地域分布、兴趣分布等内容来分析市场行情。

【实例 5】

某商家有意进入手机市场，在开店前通过百度指数查询"华为"和"iPhone"关键词情况。两个品牌手机在 2019 年 9 月 9 日至 2019 年 10 月 8 日的搜索指数和搜索指数概览，如图 2-24 所示。通过这 30 天的数据可见，华为手机的热度略高于苹果手机。

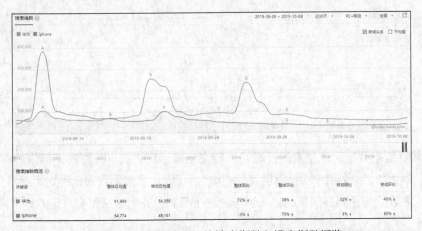

图 2-24 两个品牌手机的搜索指数和搜索指数概览

通过查看百度指数的人群属性分析，可看到不同品牌的搜索人群总体画像。华为手机和苹果手机的搜索人群画像，如图 2-25 所示。根据数据显示，可见两个品牌手机的搜索人群集中在年龄在 20～29 岁的男性群体上，且华为手机的搜索量略高于苹果手机的搜索量。

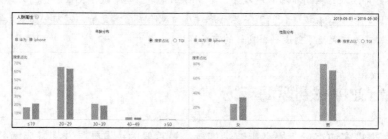

图 2-25　两个品牌手机的人群属性图

商家还可通过百度指数"行业排行"板块查看所属行业的品牌榜搜索指数、资讯指数排行或产品榜搜索、资讯指数排行。手机行业品牌榜资讯指数排行如图 2-26 所示。从图 2-26 中可见，华为手机在资讯指数方面的排名依旧略高于苹果手机。

图 2-26　手机行业排行榜图

虽然百度指数是用户搜索的呈现，不能完全表达用户的喜好指向，但依然有很高的参考价值。例如，一个用户通过百度搜索"华为手机"，虽然不代表他一定喜欢华为手机，但至少说明在众多手机品牌里，他认识华为这个品牌，并对该品牌有一定的好奇心。

**2. 选择有价值的类目**

开网店的目的是赚取利润，因此，在选择有市场的类目的情况下，商家必须选择有价值的类目，即有一定利润的类目。根据相关数据显示，目前在网上销售的热门类目包括化妆品类、女装、女鞋类、数码产品类、箱包类、饰品类、家居用品类。这些类目的消费群体较广,需求量较大,商家可酌情选择。另外,想获得更多利润,找到优质货源和降低成本尤为关键。

**3. 选择有优势的类目**

商家在选择类目时,除了考虑类目的市场要大、有一定的利润空间之外,还应考虑是否具有优势,如货源优势、客户优势、品牌优势等。例如,某商家在旅游景点经营火锅底料实体店,已经拥有大量外地客户。在此基础上,商家开设淘宝店铺售卖火锅底料的明显优势在于可以将老客户引入网店来交易,轻松实现新品破零。又如,你家住在某灯饰生产与批发城附近,你开一家灯饰网店的优势在于:一是不需要到处寻找货源,直接到厂家全年批发;二是不需要考虑库存,减少资金压力。

## 2.4　数据化分析女装行业的市场趋势

通过本章对理论知识与分析方法的讲解,相信各位读者都对电商行业数据分析有了一定的了解,下面将分析网店休闲女装的市场趋势的案例,来为大家讲解数据分析在实际工作中的运用。某女装行业通过阿里指数对市场趋势分析的四大要点如图2-27所示。

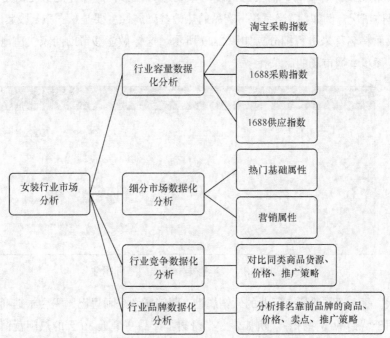

图2-27　某女装行业通过阿里指数对市场趋势的分析要点

## 1. 行业容量数据化分析

从阿里指数中查看女装行业的市场容量如图 2-28 所示。女装在全行业的采购指数排名第一，众所周知，在阿里巴巴平台中，拥有上万个细分行业，而女装行业的采购指数能够排名第一，说明该行业具有较大的发展空间，市场容量较大。

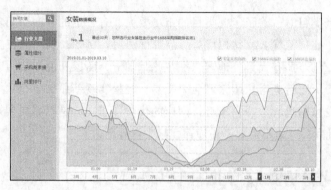

图 2-28 女装行业的市场容量

## 2. 细分市场数据化分析

了解市场整体容量后，需要进一步对市场进行细分，这样才能够更清楚地掌握所在行业的具体情况。例如，"半身裙"产品的热门基础属性主要是从图案、服装风格、裙长、裙型以及面料名称来进行细分，如图 2-29 所示。这样做能够帮助商家快速地从基础的细节入手，逐步掌握市场的需求。

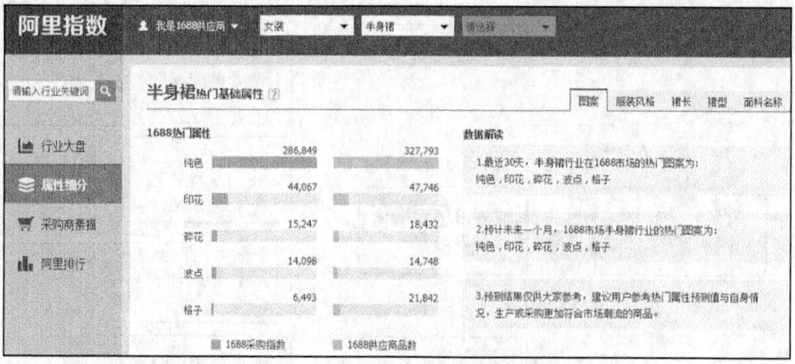

图 2-29 "半身裙"的热门基础属性

其次，商家还需要研究行业的营销属性，营销属性是阿里巴巴平台根据商品的特性，被赋予用于营销的属性标签。例如，"半身裙"产品在最近 30 天的热门营销属性关键词包括"新款""创意款""时尚潮人""现货""爆款"等，如图 2-30 所示。商家可以根据商品的营销属性来制定和优化商品的关键词。

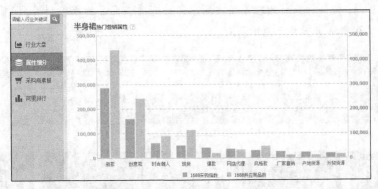

图 2-30　"半身裙"的热门营销属性

细分市场数据化分析的重点是从面到点，由表及里，以市场为切入点，逐步分析商家所在的领域，甚至是精准到所在的类目。这样才能更加精确地掌握商家主营类目的属性，有的放矢，有助于后期商品的优化、推广和数据分析。

### 3. 行业竞争数据化分析

在掌握了整体的数据以及店铺发展趋势的基础之上，需要对行业竞争进行深入的分析。在阿里巴巴平台中，商家可以借助"以图搜货"这一工具来展开分析。"以图搜货"是阿里巴巴开发的图像识别工具，能够快速、精准地根据图片来查找和选择相同或者类似商品。

【实例6】

某主营女装的商家想要查询阿里巴巴中同行的商品情况，直接选择需要查看的商品，将鼠标指针放置在商品主图的左上角，系统会显示"以图搜货"按钮，直接单击"以图搜货"按钮就可以查看同行的情况，如图2-31所示。

图 2-31　以图搜货寻找货源

在1688淘货源的搜索结果页面中即可查看到同类货源的情况，如图2-32所示。直接选择类似货源，将鼠标指针放在商品主图上即可查看该商品的零售利润、同款价格区间、淘宝月销量以及零售店铺数等关键信息。

图2-32　查看相同或类似商品

所以，商家可以借助所获取的关键信息，对店铺的商品来进行调整。第一步，在保证利润的基础之上来优化商品的价格，原商品的定价为140元，那么，根据同款价格区间将商品进行适当的降价，价格调整为119元；第二步，密切关注同行，包括同行的上下架时间、营销策略以及活动策略，重点研究同行中成交量较高的商家。

商家可以结合自身的实际来对店铺的运营做出调整，尤其是对于竞品分析；清楚掌握同行当前的营销策略，尤其是打造爆款的策略。

### 4. 行业品牌数据化分析

整个行业经过淘汰、历练和发展，会诞生许多优质的品牌商家，这些品牌经得起市场和消费者的考验，并且积累和沉淀了一定的运营经验。所以，小商家可以向行业的品牌商家看齐，不断借鉴和学习品牌商家的运营策略，来提升自己的整体运营能力。

女装连衣裙行业最近30天的产品排行榜如图2-33所示。通过该排行榜可以直观地看出全平台中销量靠前的商品，包括交易指数、商品评价以及产品价格。在分析行业品牌数据时，应重点关注排名靠前的商品，研究大商家的商品、价格以及推广策略。

图 2-33 女装连衣裙行业的产品排行榜

总而言之,电商行业数据分析是具有一定技巧和方法的。首先,从整体行业入手,洞悉行业的容量,分析当前的红海市场和蓝海市场,找出属于自身的蓝海市场;其次,从整体到局部,确定网店的定位后,再从细分市场中找出当前行业存在的关联度,关联度越大的行业,就可以考虑作为网店的拓展行业;接着,从行业竞争中找出网店的盈利空间,以实现店铺最大化利润;最后,向行业的品牌商家看齐,不断摸索和学习,找出一条适合自己网店发展的道路,最终把自己网店打造成品牌。

## 实践与练习

① 以灯具行业为例,利用数据分析行业市场容量,建议以案例操作的形式来展现,重点突出如何利用数据来寻找市场和货源。

② 以小组为单位进行讨论,和同组同学一起讨论你比较熟悉的"网红"店铺。根据对该店铺的整体数据分析,说说你对"网红"店铺的理解,包括"网红"店铺成为品牌的原因、"网红"店铺当前发展存在的问题,并指明"网红"店铺在未来的生存和发展之路。

# 第 3 章

# 产品数据分析

产品数据分析的根本目的是促成产品的成交转化。由于市场的竞争加剧，市场中同质化产品暴增，要想在同类产品中脱颖而出，最关键的举措是对产品进行多维度的数据分析，其中包括市场需求的数据化分析、客户需求的数据化分析以及产品自身的数据化分析。通过一系列科学的数据分析来提升产品的成交转化。

## 3.1 产品数据分析的意义

不管是新店开张还是老店的运营维护，运营决策都已不再是"拍脑袋"了，而是要建立在科学的数据分析基础之上，要学会用数据说话。通过平台后台数据分析商品销量、问题商品以及利润空间、销售额占比等数据来分析商品是否能为商家带来更多利润。

### 3.1.1 以销量数据把握店铺情况

店铺的整体发展离不开单个商品，只有销量高，利润大的商品才能带动店铺发展。每个电商平台都有相应的销量分析工具，通过这些工具可以查阅具体某款商品销量、价格以及近几日销量的提升情况。下面以淘宝平台为例，讲解如何通过"卖家中心"查看相关数据。

【实例1】

某主营女装的商家近期发现店内商品销量有下降趋势，故找到数据分析人员分析店内商品是否存在选款、质量方面的问题。数据分析人员通过后台查询到的商品的销售情况如图3-1所示，数据分析人员对商品创建时间、浏览量、日销量、7天销量、7天销量升降以及30天销量等方面进行分析。

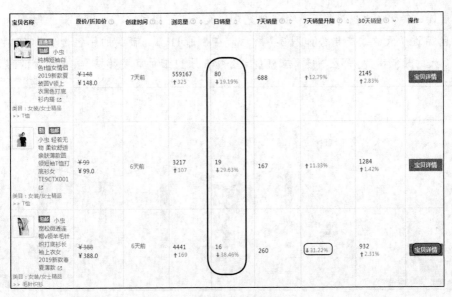

图3-1 商品的销量数据分析

经分析,数据分析人员发现在商品流量大幅上升的情况下,有几款商品的单日销量均却呈现下降趋势,尤其是第3款商品,多项数据指标均飘绿。说明店铺的运营当前存在着较大的问题,需要及时地进行优化。数据分析人员要求客服人员回访已购买这几款商品的客户。综合已购买客户的意见,发现大部分客户都反应这几款商品存在掉色问题,故给了较低的商品评价,导致详情页转化率急速下降。为从根源解决问题,数据分析人员建议商家要重新找供货商家进行采购,找到质量与价格相对应的商品重新上架。

案例中,数据分析人员通过对商品的销量数据进行分析而及时发现商品质量问题,并给出了解决方法,能避免问题商品带来更多差评以及更为严重的问题。

## 3.1.2 以关键数据指标分析问题

除了商品销量外,数据分析人员还可通过"问题商品"发现问题。部分平台提供问题商品的详细信息,便于数据分析人员及时发现问题、处理问题。以淘宝平台为例,可直接在卖家中心打开"问题商品"。

【实例2】

某主营男装的商家近期投放某款裤子的直通车推广计划,在计划投放后的几天里,该裤子的浏览量和收藏量有所提升,但销量变化不大。故数据分析人员对该裤子数据展开分析,先查看店铺的成交量,成交量代表了店铺的成交转化的能力,成交量越高,则表示店铺的转化能力也越强,现金流越充裕;反之,则相反。

商品近7天的成交趋势如图3-2所示,在3月11日,商品的销售量仅为69件,是最近7天的最低销量。那么,接下来就重点分析3月11日的相关数据,找出销量低的原因。

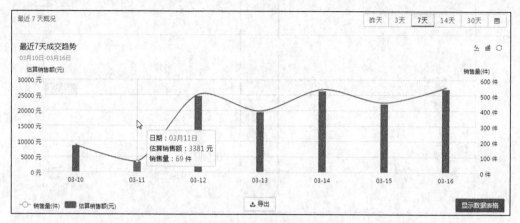

图3-2 商品近7天的成交趋势

其次,收藏量表示店铺在客户中的受欢迎程度,收藏量越高,表示客户对店铺越喜欢;反之,则相反。

商品近7天的收藏量如图3-3所示。在3月11日,店铺收藏量仅为29 056人,是最近7天中收藏量最低的一天。所以,收藏量也从侧面说明了店铺的成交量在下降。

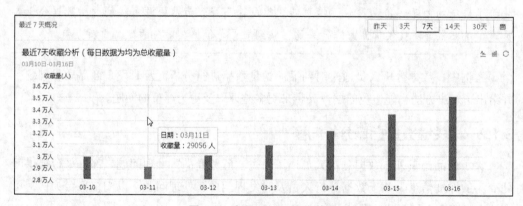

图3-3 商品近7天的收藏量

最后,流量是店铺的"血液",对于店铺有着至关重要的影响,而流量又分为免费流量和付费流量,免费流量和付费流量是共存的,但是两者需被控制在一定比例范围之内,才能保证店铺正常运作。

从店铺流量的角度来分析的数据如图3-4所示。通过店铺流量占比数据分析发现:

店铺主要流量来源于自然引流和直通车引流,当自然流量占比大幅下降,只能依靠直通车进行引流,但是直通车引流猛增,给店铺的运营推广的成本造成较大的压力。

| 自然引流 综合搜索 | | | 直通车引流 | |
|---|---|---|---|---|
| 主引流宝贝数 | 主关键词数 | 豆腐块词数 | 主推广宝贝数 | 主关键词数 |
| 2437 ↑ | 24759 ↑ | 60 ↑ | 56 ↑ | 1904 ↑ |
| 较上一天 ↓1.46% | 较上一天 ↓44.12% | 较上一天 ↓5.26% | 较上一天 ↓14.29% | 较上一天 ↑912.77% |

图 3-4　商品近 7 天店铺流量的数据

所以,根据店铺流量结构的变化可以大致推断:免费流量与付费流量比例失调,导致店铺的主动访问客户少,店铺主要依赖付费流量,而付费流量所产生成交转化较低,花费了较多的推广费用,但是并没有达到理想的效果。经详细分析发现是该商品的详情页撰写不具吸引力,导致很多客户通过直通车进入详情页后又跳失了。故数据分析人员与文案人员交流后,决定对详情页进行优化。分析出当前运营的问题所在之后,商家应有针对性地进行解决,确保店铺运营状态能够快速恢复正常。

### 3.1.3　以核心数据指标解决问题

商品的核心数据主要指的是商品贡献值,贡献值主要是指在一定时间内,某种商品为店铺带来的利润,如商品的盈利空间和销售量占比等。利润越大的商品,越容易打造成爆款商品。

数据分析人员可通过计算商品的成本和定价的方式来计算盈利空间。再通过盈利空间的大小来对商品进行等级划分,减少成本高、贡献值低的商品,重点打造盈利空间大的商品,如表 3-1 所示。

表 3-1　商品盈利空间划分

| 商品盈利空间 | 商品等级 | 商品动向 |
|---|---|---|
| 0% ~ 1% | E | 可淘汰 |
| 2% ~ 5% | D | 可培养 |
| 6% ~ 7% | C | 持续关注 |
| 8% ~ 10% | B | 重点关注 |
| 10% 以上 | A | 镇店之宝 |

除商品盈利空间外,数据分析人员还可对商品的销售额占比进行统计分析。对于销

售额较高的商品,可重点打造;对于销售额占比较低的商品,可考虑替换。以淘宝平台为例,可在卖家中心查看某商品的销售量占比与销售额占比数据。

如图3-5所示,在最近7天内,该商品的销售量占比为4.23%,在最近30天内,该商品的销售额占比是1.94%;说明该商品具有较大的潜力,可以选为"潜力款",有针对性、有计划性地将其打造为主力销售商品。

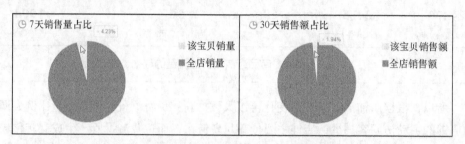

图3-5　商品近期的销售量占比与销售额占比

综上所述,产品数据化分析的意义在于更好地解决店铺运营中出现的各种问题,通过数据观察、对比和分析,有针对性地解决问题,以客观数据作为决策的依据,避免主观臆测,才能够及时优化和调整运营策略。

## 3.2　收集产品数据源的方法

产品的数据分析,归根结底,是对获取的产品数据源进行分析。要想得到精准的数据源,需要掌握一定的方法和技巧,在本节中将讲解常见的数据源的收集方法。

### 3.2.1　行业数据源采集法

在任何一个行业中,经过长期的发展,都会沉淀行业数据。通过采集行业数据,能够达到鉴古知今的目的,尤其是可以通过掌握行业的发展历史,预测行业未来的发展趋势,精准地把握行业市场风口,成功地赢得更多的市场份额。

从行业关键词的搜索趋势分析,关键词搜索指数越高,表示自主访问流量越大,客户的需求量越大;关键词对应的商品数越多,说明市场竞争越激烈,反之,则说明市场具有较大的发展空间,可以趁机推出相关的产品。

图3-6所示是某商家统计的最近30天内床上用品行业的关键词的搜索指数,搜索排名前3是分别是"磨毛四件套""水洗棉四件套"和"一次性床单",且这3个关键词分别对应的全站商品数量差异较大,尤其是"水洗棉四件套"和"一次性床单",两款商品的站内上架数量不足1万件。

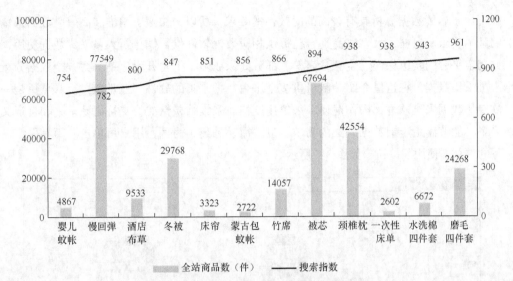

图 3-6　近 30 天床上用品行业的搜索指数

值得引起注意的是："慢回弹"的搜索指数仅为 782，但是站内商品数量却超过 7 万件，说明该商品在市场需求量有限的情况下，商品库存量严重过剩，在后期可能会出现供过于求的局面，很可能出现亏本甩卖的情形。

另外还值得引起注意的是："被芯"搜索指数较高，同时全站的商品数量也非常多，搜索指数趋近于商品数量，若商家运营不当，也将会面临滞销的风险。

所以，商家一定要根据行业的现状来采集数据源，结合市场消费者的需求来上架商品，要避开竞争激烈的领域，以达到花更少的推广费，却可以赢得更高的利润和市场份额的目的。

### 3.2.2　专业软件数据源采集法

在移动电商行业迅猛发展的今天，电商平台的数量众多，跨度广、类目多、存量大。如果仅凭借人工统计来采集数据，效率低、精度低、难度大，传统的数据采集法远远不能满足电子商务行业的数据分析需求。

例如，某主营保健品的商家想要获取平台的相关数据，采取手工统计方法，经过一个月的统计，仅获取了 600 多家店铺的数据，当该商家再次检查统计数据时候，发现之前许多统计数据变化较大，再次采集又会花费不少时间与人力。

再如，某商家一直手工统计商品的价格和销量，在一次活动中，价格有所降低后销量也有所提升。但由于该商品的前后价格不一，故之前手工采集的数据没有了参考价值，传统的数据采集方法远远不能适应数据分析的需求。

由于店铺数据分析具有较高的时效性的要求，所以，快速、精准和高效是数据采集的基本要求。目前，大多电商平台已提供相应数据软件供数据分析人员采集数据使用，如淘宝平台的卖家中心、生意参谋等。部分商家在多个平台开设店铺，为方便数据分析人员采集数据，在这里介绍一款可供多个平台数据采集的软件"八爪鱼"。八爪鱼是一款专业数据采集软件，操作简便、采集速度快、采集结果精准，支持简易采集和自定义采集，能够满足店铺数据采集的需求。以"简易采集"为例，用户可单击"简易采集"下的"立即使用"按钮，如图 3-7 所示。

图 3-7　八爪鱼数据采集软件的首页

八爪鱼所支持的数据采集平台较为广泛，包括淘宝、亚马逊、京东等主流电商平台。这里以使用八爪鱼软件采集京东平台数据为例，介绍采集数据的方法。

【实例 3】

一款在京东经营保健品的商家，近期想对钙尔奇展开数据收集。数据分析人员打开八爪鱼软件后，直接选择京东平台，如图 3-8 所示。

图 3-8　选择京东平台

在京东商品搜索模板中,软件针对所采集的各项数据指标进行了明确的说明,包括商家店名、商品名称、评价人数、价格、商品链接和当前时间等。在大致了解了各项数据指标后,单击"立即使用"按钮即可开始使用商品搜索模板,如图3-9所示。

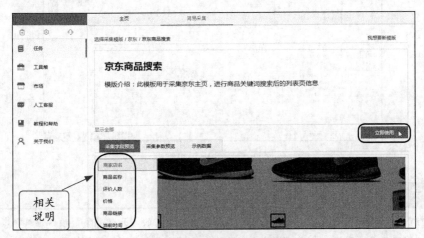

图3-9 开始使用商品搜索模板

接下来第1步需要编辑任务名、选择任务组、设置搜索关键词以及搜索的结果页数;第2步,设置完成后直接单击"保存并启动"按钮,如图3-10所示。

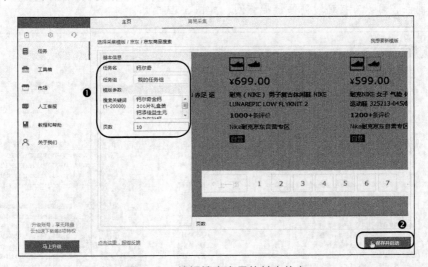

图3-10 编辑搜索商品的基本信息

系统开始自动采集商品的数据,当采集完成后,系统会弹出对话框,显示采集信息的时间和数据量,如图3-11所示。可以直接单击"导出数据"按钮,将导出采集的数据以Excel表格的形式存储在指定的文件夹下。

图 3-11　导出采集数据

 提示

若当前数据的采集量不够，商家也可以直接单击右下角的"开始采集"按钮继续采集数据，直到数据量满足需求再停止采集。同时，为了防止数据丢失，也可以将数据进行云备份，方便后期查找和参考。

系统导出数据完成后，该京东商家就可以直接打开采集的数据进行分析。对于销量较高的商品，可以直接通过商品链接访问，如图 3-12 所示。

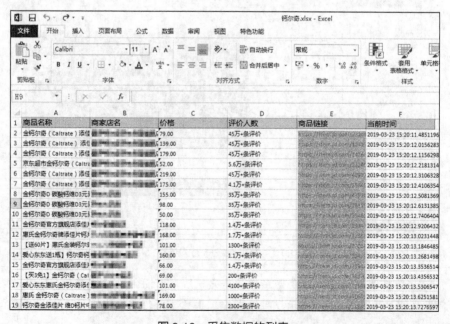

图 3-12　采集数据的列表

> **提示**
> 
> 软件导出数据导出方式多元化，包括 Excel、CSV 文件、HTML 以及数据库等多种方式，商家可以自主设置导出方式，如图 3-13 所示。

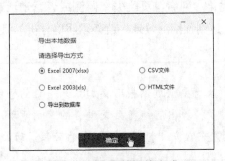

图 3-13　导出数据的方式

相对于传统的手工统计方式，专业的数据统计软件具有精度高、采集速度快、数据类型全面、采集时间优先以及自定义数据采集类型等多重优势，更适合现代化的电商数据分析，为商家提供了一个非常得力的分析助手。

目前，市场上的大部分数据采集软件是免费的，可以满足商家的初级需求。部分数据采集软件的高级功能是付费的，商家可以根据自己的需求来选择是否使用付费功能。

## 3.3　产品数据化分析的基本流程

产品的数据化分析需要遵循一定的流程，这个流程就是贯穿于产品分析的各个环节，通过分析、整合和优化，以达到提升成交产品转化率的目的。一般而言，产品数据化分析主要分为 4 个流程，包括明确分析目标、分析数据源、展示分析结果和撰写诊断报告，如图 3-14 所示。

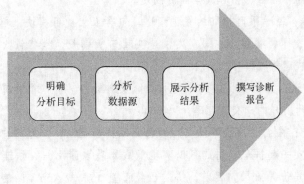

图 3-14　产品数据化分析的流程

### 3.3.1 明确分析目标

明确分析目标是产品数据化分析的第 1 个步骤，目标的形式是多元化的，包括网店装修测试、关键词竞价优化、网店首页跳失率监测或者营销活动预热等。不同的数据分析具有相应的目标，要想达到预期的效果，就必须明确分析的目标。

【实例 4】

某主营男装品牌的商家想要于近期报名参加京东平台的营销活动，由于店铺初创，店铺多方面有待优化。为了检验出店铺商品最适合的营销活动，该商家首先对京东的营销活动进行全面的了解，京东官方"营销中心"中的营销活动如图 3-15 所示。

图 3-15 京东官方营销活动

➤ 微信活动：京东与微信联合推出的移动端营销模式。商家在报名成功后，即可在微信端开展营销活动，客户可以通过微信端（微信、公众号、小程序）进行购物。这有效地解决了移动端拓客难、拓客成本高的问题。

➤ 京东秒杀：基于限时抢购的促销频道，包含五大业务模块，单品秒、超值拼团、品牌秒、品类秒、即将售罄。在短期内快速实现流量增长，销售量大幅提升；实现低成本获取新用户，快速解决库存的目标。

➤ 9 块 9 频道：主打促销路线，利用低价吸引那些对价格很敏感的用户，刺激用户的购买欲望，提升用户的成交转化率。

➤ 京东拼购：主打"低价不低质"的社交电商新玩法，鼓励用户在社交平台分享购物链接，召唤好友一起拼单。拼购可以实现低成本获取新用户、快速产生裂变式效应以及提升店铺的客单价等效果。目前，拼购已经覆盖了京东 App、微信购物、小程序、手 Q 购物、M 站、粉丝群等六大无线场景，如图 3-16 所示。

图 3-16　京东拼购覆盖的无线场景

➤ 京东闪购：定位于全品类中高端品牌限时特卖业务。闪购业务包含品牌特卖、1 元天天抢、闪购 8 点档、闪购计划、闪购大牌日等。

➤ 京享惠：定位于为用户提供多元化的促销场景。用户可以领取京豆，频道的促销形式丰富，包括单品、品牌、品类全方位的促销，也覆盖了直降、满减、领券、满折等促销场景，全方位满足用户对于促销的需求。

通过对京东官方营销活动的初步了解，该商家决定参加京东秒杀、9 块 9 频道和京东拼购，因为这类营销活动的参与门槛较低，新商家报名容易通过。

所以，商家如果希望通过参加平台活动来提升店铺的成交转化率，那么，明确分析目标是至关重要的一个步骤。商家通过深入地了解和分析平台活动的特点，选择适合店铺的活动，才能够达到预期的营销效果。

## 3.3.2　分析数据源

京东营销活动的类目较丰富，可满足中小商家到大型品牌商家对于营销活动的需求。商家可通过后台系统完成活动查找、活动报名、已报名活动管理、活动数据查看等操作。商家在参加营销活动后，还需要对活动数据进行深入的分析。

【实例 5】

某主营食品的商家决定参加京东的拼购活动，通过了解发现拼购营销活动的形式多元化，包括全民瓜分京豆、签到领红包、砍价免费领、团长免单、组团得红包、1 元拼等多种营销手段，如图 3-17 所示。

该商家在参加完拼购活动后，通过后台查看到此次营销活动的数据源，如图 3-18 所示。首先，从店铺整体流量来看，店内的流量主要来源于自主访问、免费流量和搜索流量，且流量大多与同行持平，店铺不具备流量竞争优势。

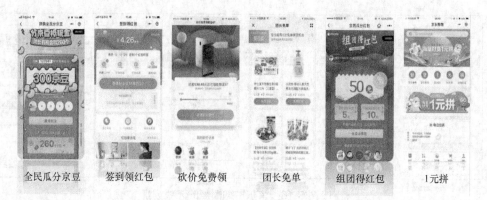

图 3-17　京东拼购多元化形式

其次，从活动流量的维度来分析，此次的活动流量较小，流量占比较低。而流量又与成交转化率挂钩，在流量偏低的情况下，成交转化率也会有所下降，所以，光从流量数据就直接说明此次的营销活动并不是特别成功。

流量来源　店内浏览　流量去向

来源渠道 针对付费流量，商智与京准通的计算有一定差异，广告效果请以京准通数据为准，详细说明>>　环比(天)　同比(年)　切换指标　下载数据

| 入店来源 | 访客数（我的店铺 / 同行同级均值） | | 访客数占比 | | 成交转化率 | | |
|---|---|---|---|---|---|---|---|
| 自主访问 | 16 / 15 | 6.67% ↑ | 27.59% | 22.76% ↓ | 0.00% | 100.00% ↓ | 趋势 |
| 京东免费 | 44 / 62 | 46.67% ↑ | 75.86% | 6.21% ↑ | 0.00% | 100.00% ↓ | 趋势 |
| 搜索 | 25 / 29 | 92.31% ↑ | 43.10% | 39.26% ↑ | 0.00% | 100.00% ↓ | 趋势 |
| 栏目 | 13 / 16 | 30.00% ↑ | 22.41% | 5.86% ↓ | 0.00% | 0.00% | 趋势 |
| 综合活动（含大促） | 6 / 6 | 100.00% ↑ | 10.34% | 44.83% ↑ | 0.00% | 0.00% | 趋势 |
| 消息中心 | 1 / 2 | 0.00% | 1.72% | 27.59% ↓ | 0.00% | 0.00% | 趋势 |

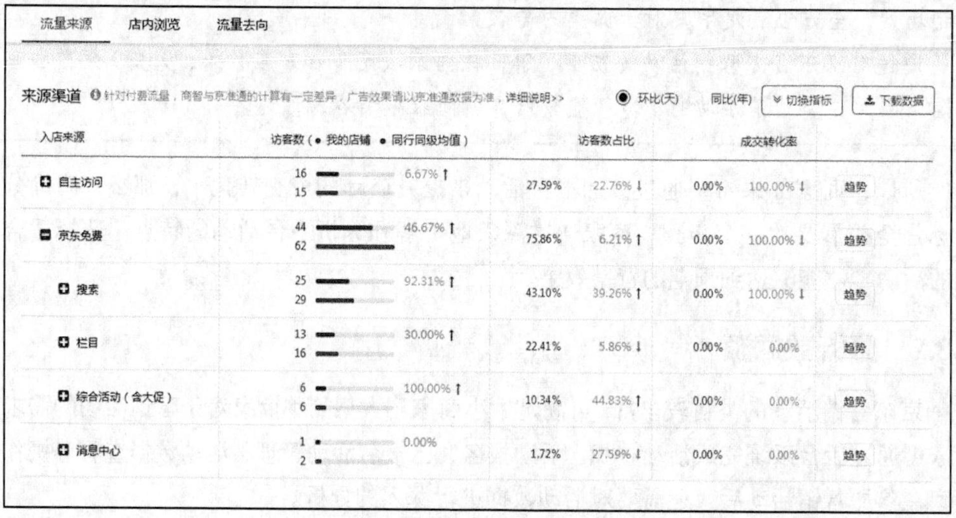

图 3-18　店铺的流量来源分析

正常情况下，店铺在参加营销活动的时候，店铺流量会猛增，大部分的流量都会来源于活动渠道，若活动渠道的流量过低，则说明店铺待优化的地方较多，需要在活动结束后进行多方面的优化，以保证下次的营销活动能够有所突破。

### 3.3.3　展示分析结果

该商家对于店铺的营销活动进行了全面的分析，包括访问量、转化率、跳失率以及

支付率等多方面。为了能够更加直观地展示分析结果,商家采用了多维度的分析矩阵进行说明,如图 3-19 所示。

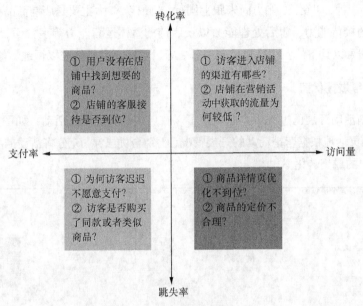

图 3-19　店铺的数据问题诊断分析

从分析的数据维度可以大致看出一个新访客的访问路径,访客通过各种渠道来到店铺之后,会对产品进行详细的了解;满意后将产品加入购物车,进行支付;最后产生订单,等待商家发货。

整个交易流程环环相扣,若各方面的工作做得比较好,很容易产生成交转化;若某个方面出现问题,则很容易导致访客的流失。

## 3.3.4　撰写诊断报告

一次完整的产品数据分析除了以上 3 个步骤,还包括了诊断报告的撰写。很多新手商家可能会忽略这个步骤,认为这一步无关紧要。实际上,撰写诊断报告是对于这一次的产品数据分析的总结,发现当前产品运营过程中存在的问题,提炼产品运营过程中值得保持的优势,提出关于产品优化的解决方案,让店铺的运营改进有据可依。诊断报告一般会包括以下 3 方面的内容。

### 1. 总结存在的问题

上述案例中的商家对店铺参加官方营销活动进行分析总结,原本认为店铺的成交量会暴增,但是却出乎意料地发现,店铺流量很低,成交转化率也没有提升。归根结底,这是由于商家对于店铺的运营状况和能力缺乏理性的认识，店铺刚成立，缺乏相关的运营经验，但该商家却对于营销活动有过高的期望。

其次，店铺的"硬核"能力尚未跟上同行。"硬核"能力主要是店铺商品的核心竞争力、店铺客服的接待能力、售后处理能力以及店铺的整体运营能力等多方面，这些能力并非一朝一夕就可以具备的，冰冻三尺非一日之寒，商家还需要持之以恒地"修炼"。

### 2. 持续发扬优势

在营销活动开展的过程中，商家还可以在店内开展优惠券活动，如图 3-20 所示。所以，该商家灵活地根据营销活动的开展情况，再结合优惠券，充分将活动的力度做到最大，以提升客户的成交转化率。

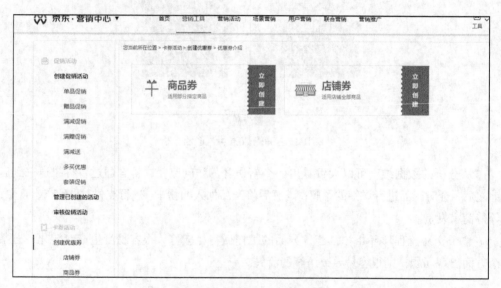

图 3-20　店铺的优惠券活动

> 商品券：商家指定的商品才能使用，在券面上会明示为"限购部分商品"。每个商家每月最多可创建 50 张商品券。

> 店铺券：使用范围不限，店内所有商品都可使用。每个商家每月最多可创建 50 张店铺券。

尽管营销活动是官方已经制定的，不可更改，但是店内的优惠券又分为商品券和店铺券，商家可以根据实际情况来灵活设置，针对店铺和商品都可以开展营销活动。

### 3. 提出优化的方案

每次的数据分析都是为下一次的数据分析做铺垫，所以，一定要重视提出的解决方案。

通常而言，数据优化的解决方案都是需要从细节入手的，从最基础的环节抓起，只有解决了最根本的问题，才能够在营销活动中大施拳脚。

【实例6】

某主营电器商家发现近期店内的流量下降较为严重，一打开后台就发现了问题，就目前来看，亟须解决的问题主要有3处，如图3-21所示。

第1处是代发货订单累积量较大，为了提升发货效率，需要提前做好物流相关的工作，包括确定合作物流商、商品物流部的打包以及物流全程跟踪。若店铺的发货速度太慢，很容易导致发生较多的退货、退款纠纷，给店铺的售后带来极大的挑战。

第2处就是待回复催单，客户在下单后会迫不及待地想要收到商品，但是商家却迟迟没有发货，则容易导致商家的等待情绪变差。若客服再不及时地安抚客户，客户在收到商品之后有可能会给店铺打中差评，对于店铺的影响很大。

第3处则是店铺违规，店铺运营过程中一定要遵循平台规则，提前对平台的相关规则进行学习，千万不能触及平台的"红线"。若出现违规的情况，轻则扣分警告，重则封店，前期所付出的努力及创业成果便毁于一旦，得不偿失。

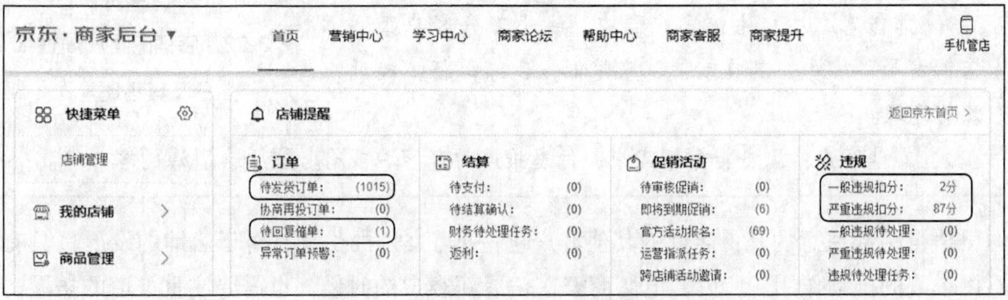

图3-21 店铺存在的亟须解决的问题

产品的数据分析流程是暂时恒定的，一旦确定后，就需要长期遵循。因为不论哪种数据化流程分析都存在着自身的优劣势，只有通过长期的实践和优化，不断总结和精炼流程的实施细则，才能够将产品分析做得更出色。

## 3.4 产品多维度数据化分析

产品的数据分析是多方面的，所涉及的维度较广泛，其中重点包括客户维度、产品维度、时间维度和地域维度。只有充分地把握各个维度，才能够全方位地分析产品，以达到数据化驱动产品运营的目的。

### 3.4.1 从客户的角度分析

客户是产品数据化分析的主体,也是促成成交转化的关键性角色。一般而言,从客户的角度来开展产品分析,主要是指通过规划客户的属性,根据客户在店铺中的消费情况来制订完善的客户推广计划。

【实例7】

某主营童装的店铺对客户的属性进行细分,如图3-22所示,从客户对店铺的贡献来看,店铺客户主要分为尝鲜客户、主流客户、落伍客户和其他客户,具体如下所示。

➢ 尝鲜客户:作为店铺的第1批消费者,带动了整个店铺的人气和流量,为店铺的发展打下了坚实的基础。

➢ 主流客户:随着店铺的逐渐发展,店铺的尝鲜客户一部分流失,而另一部分则沉淀下来,成为店铺的主流客户,撑起了店铺销售额的半边天,店铺的利润至少有80%来自主流客户。

➢ 落伍客户:在主流客户群中,一小部分客户跟不上店铺发展的脚步,其贡献值越来越低,逐渐落伍,接近淘汰的边缘。

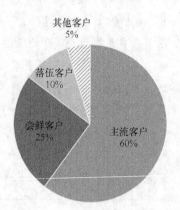

图3-22 店铺的客户属性细分及其占比

➢ 其他客户:源自转介绍客户、付费推广拉新客户或者社交平台引流的客户等。

值得引起注意的是:店铺的其他客户也占据了5%的份额,对于店铺的发展也具有不可小觑的推动作用。所以,电商商家在拓展新客户的时候,也需要注重渠道的拓展,从多渠道开发新客户,以降低客户开发的成本。

### 3.4.2 从产品的角度分析

产品是一个网店的灵魂,店铺的利润空间可拓展性都受制于产品。所以,产品对于店铺的发展具有至关重要的影响。一般而言,产品的类型是分析主要的依据。

#### 1. 实物产品

实物产品是看得见、摸得着的实实在在的产品。例如,服饰、箱包、鞋帽、玩具、零食和生鲜等。

美妆类实物产品的细分如图3-23所示。在"美妆"大类目下,细分为若干个子类目,并且每一个子类目都是真实存在的实物产品，能够满足客户不同的需求。

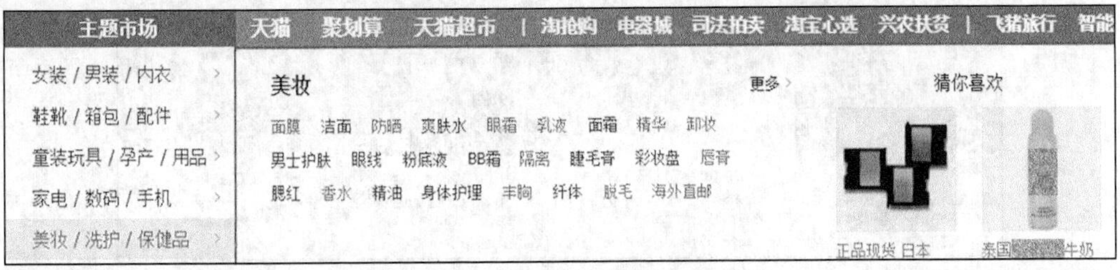

图 3-23　美妆类实物产品的细分

### 2. 虚拟产品

虚拟产品，顾名思义，和实物产品是相对的，属于看不见、摸不着的，但是却又存在的产品。例如，游戏装备、Q币、游戏点卡、虚拟空间、虚拟主机或域名等。

游戏类虚拟产品的细分如图 3-24 所示。在"游戏"大类目下，根据当前的热门游戏细分为若干个子类目，每个游戏子类目都具有一定的时期代表性，而且背后都有一群忠实玩家，游戏行业也具有巨大的发展前景。

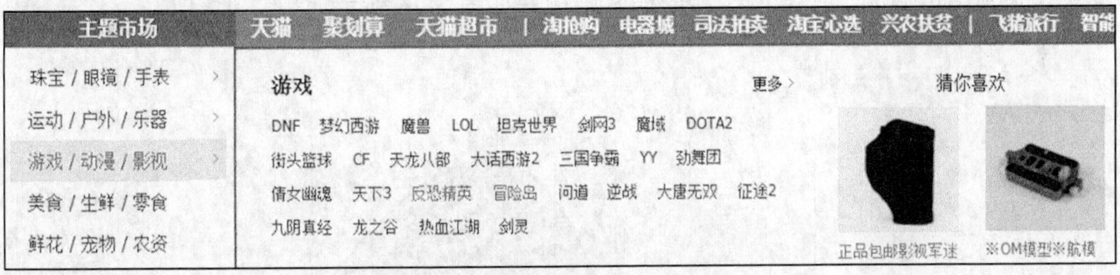

图 3-24　游戏类虚拟产品的细分

### 3. 服务产品

不同于实物产品和虚拟产品，有一种类型的产品比较特殊，主要是为了满足消费者的某种特殊的需求，这种应需求而生的产品，通常被称为"服务产品"。同城跑腿、预约美甲、上门维修、代缴水电气费等均属于服务产品。

例如，同城生日蛋糕配送服务能够满足消费者对于快速送达生日蛋糕的需求，如图 3-25 所示。服务者以提供服务的形式完美地将线上和线下的业务衔接在一起，并从中赚取一定的费用。

图 3-25 服务产品的细分

从产品属性的角度来细分,则巧妙地将产品分为了实物产品、虚拟产品和服务产品。每一类产品都有自身的特点,商家找准店铺主营商品的特点,则能够把握住产品的运营方法和技巧,在不断摸索中,核算产品的盈利空间,根据市场和行业的变化,制定出不同时间段的营销方案。

### 3.4.3 从时间的角度分析

任何一款产品都不是一成不变的,它们都是具有生命周期的,而产品的生命周期也是有一定规律可循的。产品的生命周期发展历程如图 3-26 所示。

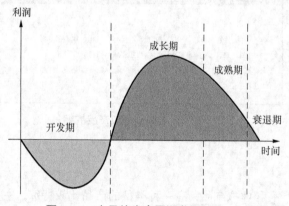

图 3-26 产品的生命周期发展历程

所以,商家需要按照此规律来进行产品分析,在不同的成长阶段,采取相应的营销策略,充分把握住最佳的营销节点,开发新产品、打造爆款产品以及淘汰落后产品等运营流程才能够按照预期来进行。

➢ 开发期:店铺在上架产品的时候,会有一个市场调研过程,从预期调研到正式上市的过程,这个过程就是产品的开发期。产品在开发期间,网店的利润几乎为零,需要投入大量的成本去调研市场，甚至会出现负收益的情况。所以，在开发期内，商家一定要控制好开发成本。

➤ 成长期：新品上架店铺，在短期内取得巨大的成长，并且为店铺带来了一定的利润。该阶段内，成长期的产品的曝光率非常大，经常参加各类营销活动，很容易被打造成店铺的爆款商品。

➤ 成熟期：产品的营销力逐渐减弱，盈利空间已经见顶，随着时间的推移，产品逐渐开始走下坡路。处于该阶段的产品，适合作为店铺的辅助性产品，商家不宜花费过多的精力和财力去做营销，应将其逐步过渡为普通产品。

➤ 衰退期：产品已经过时，不能够为店铺带来利润，甚至会亏本。这也是产品的淘汰期，意味着产品需要在近期内下架。在此期间，商家需要做好两手准备，在下架淘汰产品的同时，需要去开发新产品，做好新旧交替，一定要确保在淘汰产品下架之前，已经开发出了新产品。

产品的生命周期为商家提供了一个具体的数据分析思路和营销战略，即不要脱离产品的生命周期来做分析，从开发到上架，从成长到成熟，最后到衰退，这个过程很客观地反映了电商市场的产品营销的规律，不能在开发之前盲目上架新产品，也不能在衰退之后猛增付费推广预算，在不同的阶段做合适的事情，才能够达到事半功倍的效果。

### 3.4.4 从地域的角度分析

产品的地域分析，主要是侧重于地域的细分，不同产品具有相应的地域属性，结合相应的地域来展开数据分析，有的放矢，精准营销。

**1. 特产类产品的地域分布分析**

特产类产品往往具有鲜明的地域特征。有些特产并不仅限于一个产地，可能会在全国有多处产地，而在产地附近，特产往往交易频繁、价格相对低廉。对于这类产品，要进行地域分布分析。

【实例8】

某主营枸杞地方特产的商家想要查询同行商家的分布地，在区域图中查询到最近30天内商家所在地和成交人数，如图3-27所示。

根据统计图可以发现：从枸杞商家的分布地来分析，商家集中于宁夏银川、青海西宁、宁夏中卫和上海等地；从地域的成交量来分析，成交量较大的区域主要是宁夏银川、青海西宁、上海、宁夏中卫和江苏南京等地。

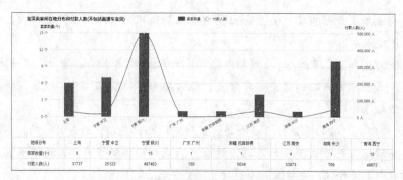

图 3-27　特产类产品的地域数据分析

那么，该商家在后期的数据分析的时候，需要结合地域来分析，尤其是在投放付费广告的时候。一般而言，商家多集中于产品的产地地域，竞争往往非常激烈，所以，商家一定要避开"红海"。

### 2. 服装类产品的地域分布分析

不同的地域独具特色，盛产枸杞的西北地区与制造业发达的东南沿海地区，其经济发展模式具有较大的差异，那么，下面来分析一下东南沿海地域的产品情况。

【实例9】

某主营女装的商家想要查询当前的市场情况，直接查询女装商家的分布情况，在区域图中查询到最近30天内商家所在地和成交人数，如图3-28所示。

根据统计图可以发现：从女装商家的分布地来分析，商家集中于上海、浙江嘉兴、广东广州、广东深圳和浙江杭州等地；从地域的成交量来分析，成交量较大的区域主要是上海、天津、浙江嘉兴、浙江杭州和广东深圳等地。

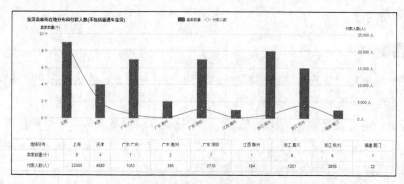

图 3-28　服装类产品的地域数据分析

结合上述案例来看，西北地区盛产特产类产品，而东南地区则依托当地经济来发展制造业。不管是从产品地域数据来分析，还是从实际的地域情况来分析，不同的地域盛产独具特色的产品，不同的产品适合相应的营销策略。

## 3.5 利用数据分析挖掘店铺中的潜在爆款商品

爆款商品是指在商品销售中那些销售量很高，供不应求，非常火爆的商品。简单来说就是那些卖得多，人气很高的商品。爆款商品拥有以下5个特点：

- 消费者非常感兴趣的商品；
- 能满足消费者需求的商品；
- 在市场同类产品中，性价比高；
- 消费者有强烈的购买需求；
- 经过试用后，客户再次或多次购买，或者向别人推荐。

那么，如何通过数据分析来选款和打造爆款商品呢？应从爆款商品的基本要素、爆款商品市场容量和爆款商品的销售趋势3个方面进行分析。

### 3.5.1 潜在爆款商品的基本要素

一个店铺中有几十、几百，甚至是上千种商品，并非每一款商品都能够打造成爆款商品。一般而言，爆款商品具有几个基本要素，如图3-29所示。商家需要根据这些基本要素来筛选具备潜力的商品。

在选择爆款商品的过程中，以商品的人气为指标，以商品的成交转化率为参考依据，以店铺的盈利空间为选择标准，综合考量，最终可选择出爆款商品。

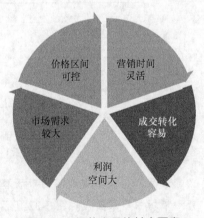

图3-29 爆款商品的基本要素

【案例10】

某主营童装的商家想要打造店铺的爆款商品，而店铺内的商品类目较多，为了选择最合适的商品，商家想要查询市场的成交情况，直接在生意参谋中输入行业关键词"童装"，直接查询最近30天内行业的交易情况。图3-30所示是排名前10的搜索关键词。

童装行业的搜索关键词可以概括为童装、男童装和女童装3大类目。从关键词占比来看，在排名前10的关键词中，关键词"童装"出现了3次，占比为30%；关键词"男童装"出现4次，占比为40%；关键词"女童装"出现了3次，占比为30%。所以，可以大致推断出，当前市场中男童装的成交转化率相对更高。那么，该商家则优先考虑将男童装打造为爆款商品。

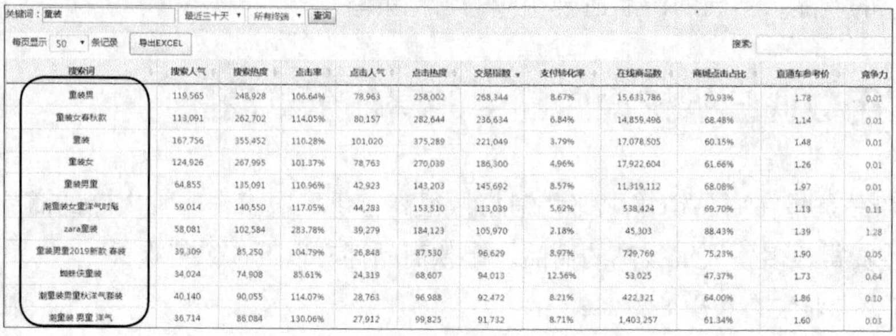
关键词：童装 最近三十天 所有终端 查询
每页显示 50 条记录 导出EXCEL 搜索：

| 搜索词 | 搜索人气 | 搜索热度 | 点击率 | 点击人气 | 点击热度 | 交易指数 | 支付转化率 | 在线商品数 | 商城点击占比 | 直通车参考价 | 竞争力 |
|---|---|---|---|---|---|---|---|---|---|---|---|
| 童装男 | 119,565 | 248,928 | 106.64% | 78,963 | 258,002 | 268,344 | 8.67% | 15,633,786 | 70.93% | 1.78 | 0.01 |
| 童装女春秋款 | 113,091 | 262,702 | 114.05% | 80,157 | 282,644 | 236,634 | 6.84% | 14,859,496 | 68.48% | 1.14 | 0.01 |
| 童装 | 167,756 | 355,452 | 110.28% | 101,020 | 375,289 | 221,049 | 3.79% | 17,078,505 | 60.15% | 1.48 | 0.01 |
| 童装女 | 124,926 | 267,995 | 101.37% | 78,763 | 270,039 | 186,300 | 4.96% | 17,922,604 | 61.66% | 1.26 | 0.01 |
| 童装男童 | 64,855 | 135,091 | 110.96% | 42,923 | 143,203 | 145,692 | 8.57% | 11,319,112 | 68.08% | 1.97 | 0.01 |
| 潮童装女童洋气时髦 | 59,014 | 140,550 | 117.05% | 44,283 | 153,510 | 113,039 | 5.62% | 538,424 | 69.70% | 1.13 | 0.11 |
| zara童装 | 58,081 | 102,584 | 283.78% | 39,279 | 184,123 | 105,970 | 2.18% | 45,303 | 88.43% | 1.39 | 1.28 |
| 童装男童2019新款 春装 | 39,309 | 85,250 | 104.79% | 26,848 | 87,530 | 96,629 | 8.97% | 729,769 | 75.23% | 1.90 | 0.05 |
| 蜘蛛侠童装 | 34,024 | 74,908 | 85.61% | 24,319 | 68,607 | 94,013 | 12.56% | 53,025 | 47.37% | 1.73 | 0.64 |
| 潮童装男童秋洋气套装 | 40,140 | 90,055 | 114.07% | 28,763 | 96,988 | 92,472 | 8.21% | 422,321 | 64.00% | 1.86 | 0.10 |
| 潮童装 男童 洋气 | 36,714 | 86,084 | 130.06% | 27,912 | 99,825 | 91,732 | 8.71% | 1,403,257 | 61.34% | 1.60 | 0.03 |

图 3-30　童装行业的交易指数分析

下面再对男童装进行深入分析。如图 3-31 所示，直接在搜索框中输入关键词“童装男”，并以“支付转化率”为参考依据，即可查询到男童装的搜索关键词详情。根据关键词反映出的搜索趋势，夏季男童装已经成为热门搜索词，所以，该商家需要筹备一批夏季男童装。

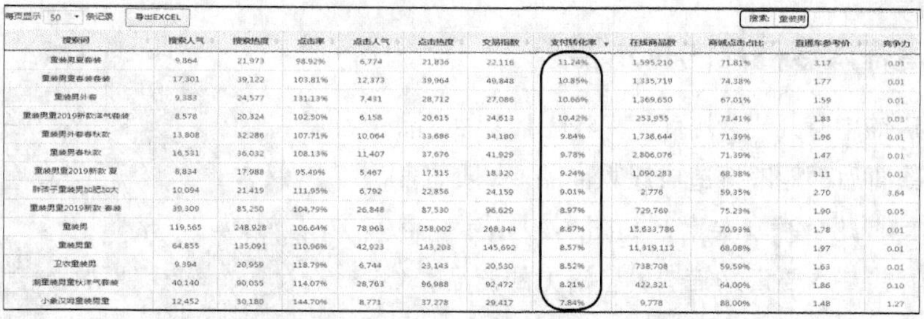
每页显示 50 条记录 导出EXCEL 搜索：童装男

| 搜索词 | 搜索人气 | 搜索热度 | 点击率 | 点击人气 | 点击热度 | 交易指数 | 支付转化率 | 在线商品数 | 商城点击占比 | 直通车参考价 | 竞争力 |
|---|---|---|---|---|---|---|---|---|---|---|---|
| 童装男夏套装 | 9,864 | 21,973 | 98.92% | 6,774 | 21,836 | 22,116 | 11.24% | 1,595,210 | 71.81% | 3.17 | 0.01 |
| 童装男童春装套装 | 17,301 | 39,122 | 103.81% | 12,373 | 39,964 | 49,848 | 10.85% | 1,335,719 | 74.38% | 1.77 | 0.01 |
| 童装男外套 | 9,383 | 24,577 | 131.13% | 7,431 | 28,712 | 27,086 | 10.66% | 1,369,650 | 67.01% | 1.59 | 0.01 |
| 童装男童2019新款洋气套装 | 8,578 | 20,324 | 102.50% | 6,158 | 20,615 | 24,613 | 10.42% | 253,955 | 73.41% | 1.83 | 0.03 |
| 童装男外套春秋款 | 13,808 | 32,286 | 107.71% | 10,064 | 33,686 | 34,180 | 9.84% | 1,736,644 | 71.39% | 1.96 | 0.01 |
| 童装男春秋款 | 16,531 | 36,032 | 108.13% | 11,407 | 37,676 | 41,929 | 9.78% | 2,806,076 | 71.39% | 1.47 | 0.01 |
| 童装男童2019新款 夏 | 8,834 | 17,988 | 95.49% | 5,467 | 17,515 | 18,320 | 9.24% | 1,090,283 | 68.38% | 3.11 | 0.01 |
| 胖孩子童装男加肥加大 | 10,094 | 21,419 | 111.95% | 6,792 | 22,856 | 24,159 | 9.01% | 2,776 | 59.35% | 2.70 | 3.64 |
| 童装男童2019新款 春装 | 39,309 | 85,250 | 104.79% | 26,848 | 87,530 | 96,629 | 8.97% | 729,769 | 75.23% | 1.90 | 0.05 |
| 童装男 | 119,565 | 248,928 | 106.64% | 78,963 | 258,002 | 268,344 | 8.67% | 15,633,786 | 70.93% | 1.78 | 0.01 |
| 童装男童 | 64,855 | 135,091 | 110.96% | 42,923 | 143,203 | 145,692 | 8.57% | 11,319,112 | 68.08% | 1.97 | 0.01 |
| 卫衣童装男 | 9,394 | 20,959 | 118.79% | 6,744 | 23,143 | 20,530 | 8.52% | 738,708 | 59.59% | 1.63 | 0.01 |
| 潮童装男童秋洋气套装 | 40,140 | 90,055 | 114.07% | 28,763 | 96,988 | 92,472 | 8.21% | 422,321 | 64.00% | 1.86 | 0.10 |
| 小象汉姆童装男童 | 12,452 | 30,180 | 144.70% | 8,771 | 37,278 | 29,417 | 7.84% | 9,778 | 88.00% | 1.48 | 1.27 |

图 3-31　男童装行业的支付转化分析

最后，再查看男童装的市场容量，商家要尽量避开热门类目，从细分类目入手，在蓝海市场中寻求突破。图 3-32 所示是男童装行业在线商品的数量，商家需要结合商品在线商品数和竞争力两个指标来分析，尽量选择市场需求量大，但是竞争相对较小的商品。

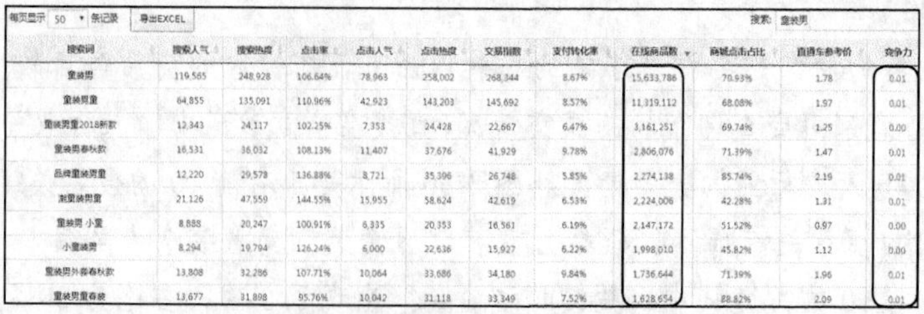
每页显示 50 条记录 导出EXCEL 搜索：童装男

| 搜索词 | 搜索人气 | 搜索热度 | 点击率 | 点击人气 | 点击热度 | 交易指数 | 支付转化率 | 在线商品数 | 商城点击占比 | 直通车参考价 | 竞争力 |
|---|---|---|---|---|---|---|---|---|---|---|---|
| 童装男 | 119,565 | 248,928 | 106.64% | 78,963 | 258,002 | 268,344 | 8.67% | 15,633,786 | 70.93% | 1.78 | 0.01 |
| 童装男童 | 64,855 | 135,091 | 110.96% | 42,923 | 143,203 | 145,692 | 8.57% | 11,319,112 | 68.08% | 1.97 | 0.01 |
| 童装男童2018新款 | 12,343 | 24,117 | 102.25% | 7,353 | 24,428 | 22,667 | 6.47% | 3,161,251 | 69.74% | 1.25 | 0.00 |
| 童装男春秋款 | 16,531 | 36,032 | 108.13% | 11,407 | 37,676 | 41,929 | 9.78% | 2,806,076 | 71.39% | 1.47 | 0.01 |
| 品牌童装男童 | 12,220 | 29,578 | 136.88% | 8,721 | 35,396 | 26,748 | 5.85% | 2,274,138 | 85.74% | 2.19 | 0.01 |
| 潮童装男童 | 21,126 | 47,559 | 144.55% | 15,955 | 58,624 | 42,619 | 6.53% | 2,224,006 | 42.28% | 1.31 | 0.01 |
| 童装男 小童 | 8,888 | 20,247 | 100.91% | 6,335 | 20,353 | 16,561 | 6.19% | 2,147,172 | 51.52% | 0.97 | 0.00 |
| 小童装男 | 8,294 | 19,794 | 126.24% | 6,000 | 22,636 | 15,927 | 6.22% | 1,998,010 | 45.82% | 1.12 | 0.00 |
| 童装男外套春秋款 | 13,808 | 32,286 | 107.71% | 10,064 | 33,686 | 34,180 | 9.84% | 1,736,644 | 71.39% | 1.96 | 0.01 |
| 童装男童春装 | 13,677 | 31,898 | 95.76% | 10,042 | 31,118 | 33,349 | 7.52% | 1,628,654 | 88.82% | 2.09 | 0.01 |

图 3-32　男童装行业的在线数量分析

通常而言，在线商品数量越大，代表市场需求量越大，行业竞争越激烈。所以，商家需要结合自己的实际情况来选择合适的商品，切忌为了竞争而竞争，尤其是在投放付费推广的时候，否则只会落得事倍功半的结果。

> **提示** 关于爆款商品
>
> 具有经验的商家往往会走"小而美"的路线，而不是"广撒网"。他们会集中精力打造一款爆款商品，利用运营过程中积累的经验，再挖掘和打造其他的爆款商品。同时，也会借助爆款商品的流量，带动其他商品的成交。

### 3.5.2 从市场容量开始分析

电商市场容量分析，也就是对于市场的整体分析，只有全面地掌握市场容量和存量，才能够根据市场趋势指导店铺运营。现阶段的电商市场容量，不是指单一的线下平台，而是根据多个平台来进行综合分析。

例如，某主营台灯的商家，希望借助淘宝、京东和拼多多等平台的市场容量分析来挖掘客户的潜在需求，以促成商品的成交转化。

**1. 淘宝的市场容量**

直接在淘宝搜索框中输入关键词"台灯"，再选择"销量从高到低"来查找，即可查看最近 30 天内淘宝销量情况，如图 3-33 所示。

首先，从成交量来看，台灯的成交量较高，说明市场的需求量非常大，全网成交量最高的一款商品的销量超过 9.6 万件。

其次，从价格来看，全网成交量排名靠前的台灯，其价格区间为 10.5 ~ 49 元，从侧面说明了价格是影响成交转化的重要因素。

最后，从商品属性来看，迷你型台灯的成交量大，说明市场对于台灯的细分要求较高，精准化营销的前提是做好台灯的细分工作，因为不同功能和属性的台灯所对应的客户群体是不一样的。

综上所述，商家想要深入研究行业市场容量，就必须从行业的各个细分指标入手；逐步分析指标背后隐藏的信息，剥丝抽茧，精准地获取信息；最后，再将零散的信息进行综合整理，筛除冗杂信息，提炼关键信息，达到掌握行业市

图 3-33 台灯行业在淘宝网的市场容量

场容量的目的。

**2. 京东的市场容量**

在京东平台中，也可以采用上述由点到面的分析方法，逐步完成市场容量的数据化分析。图3-34所示是在京东搜索"台灯"的结果。

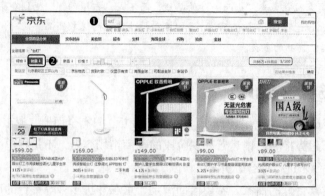

图3-34 台灯行业在京东的市场容量

首先，从市场存量来看，在京东平台中，有超过86万件商品。商品存量越大，说明市场商家数量越多，市场竞争越激烈。

其次，从商家属性来看，入驻京东平台的商家大部分都是品牌商家，所以，自营店的品牌商家牢牢地霸占了榜首。由此可见，京东平台留给小商家的发展空间有限。

再次，从价格来看，全网成交量较大的商品的价格区间跨度非常大，89～599元。这说明商品价格的制定需要从产品定位开始，高端客户和中低端客户的需求是截然不同的，所以，不能一概而论地制定商品价格。

最后，从商品属性来看，商品主打"护眼"功能，根据商品的标题也可以大致看出客户的搜索趋势，"护眼台灯"应该是热门的搜索关键词。

所以，从京东平台的行业市场容量分析来看，由于大量的品牌商家入驻，一部分中小商家的生存压力非常大；而且商品定价跨度广，对于没有经验的商家而言，很容易陷入"价格战"的泥潭中。

所以，综合对比淘宝和京东，即使是同一款商品，也需要制定相应的平台运营策略，包括商品定位、定价和营销方法。在实际的运营过程中，建议商家将店铺不同的商品放在最适合的平台中，以增加店铺运营的转化率。

**3. 拼多多的市场容量**

拼多多不同于传统的电商平台，作为社交分享类电商平台，拼多多凭借"社交+电商"

商业模式在竞争激烈的电商市场中逐渐站稳脚跟。那么，这里再次借助上述的分析方法来分析拼多多的市场容量，打开拼多多，搜索"台灯"，点击"销量"，可以看到图 3-35 所示台灯行业在拼多多的市场容量。

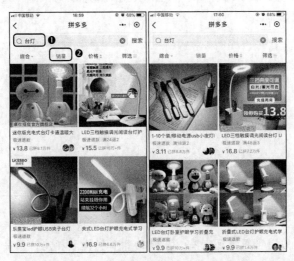

图 3-35　台灯行业在拼多多的市场容量

首先，从成交量来看，商品成交量均较高，多件商品的成交量已经超过 10 万件，说明台灯产品在拼多多的市场需求是巨大的。

其次，从成交类型来看，商品大多是以拼单的形式完成支付的。拼单对于电商行业也是一种新型促销方式，借助客户裂变的形式来为店铺拉新，以较低的获客成本来换取较高的成交转化率。

再次，从价格来看，价格区间在 3.11 ~ 16.9 元。商品的价格比较亲民，在社交属性的影响下，商品的成交转化率会更高。

最后，从商品属性来看，迷你型台灯比较受欢迎，款式新颖，设计简单大方。由此可见，商品的主要消费群体是定位于年轻人。

综上所述，根据同一个关键词在不同的电商平台的深入分析，可以初步得出结论：淘宝适合中小型商家，京东适合品牌商家，拼多多则更适合小商家。所以，在一个店铺中，需要将商品进行分门别类，选出最适合自己的平台并入驻。

### 3.5.3　分析产品销售趋势

产品销售数据是数据分析的重点，销售数据是店铺运营情况的"镜子"。若销售数据良好，则说明店铺运营是比较健康的状态；若销售数据显示店铺入不敷出，则为商家亮起了一盏红灯，商家亟须找出店铺运营存在的问题，即刻解决，恢复店铺的正常化运营。

【实例11】

某主营户外用品的商家，想要通过分析商品的销售情况来重点打造爆款商品。店铺最近 30 天的销售数据如图 3-36 所示，从销售数据的情况来看，整体趋势比较平稳，没有较大的波动。

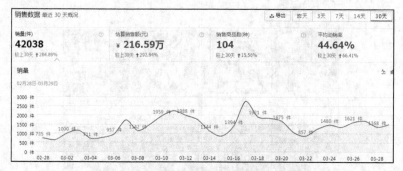

图 3-36　店铺最近 30 天的销售数据

根据最近 7 天的销售额情况来看，店铺的销售额比较稳定，商品的平均动销率保持在 30% 左右，如图 3-37 所示。为了获取最近的销售数据，建议查看最近 3 天内的销售详情。

例如，要查看 3 月 29 日的销售数据，直接单击"查看详情"按钮，即可看到这一天的销售数据情况。

| | 日期 | 销量(件) | 估算销售额(元) | 销售商品数(种) | 动销率 | 操作 |
| --- | --- | --- | --- | --- | --- | --- |
| 1. | 2019-03-29 | 106 | ¥ 2182.10 | 26 | 33.33% | 查看详情 |
| 2. | 2019-03-28 | 133 | ¥ 2319.20 | 20 | 25.32% | 查看详情 |
| 3. | 2019-03-27 | 141 | ¥ 2756.20 | 30 | 37.5% | 查看详情 |
| 4. | 2019-03-26 | 101 | ¥ 1951.30 | 30 | 37.5% | 查看详情 |
| 5. | 2019-03-25 | 120 | ¥ 1965.00 | 25 | 31.25% | 查看详情 |
| 6. | 2019-03-24 | 101 | ¥ 1962.50 | 31 | 38.75% | 查看详情 |
| 7. | 2019-03-23 | 83 | ¥ 1533.40 | 19 | 24.68% | 查看详情 |

图 3-37　店铺最近 7 天的销售数据

在 3 月 29 日的销售额页面中，可以清晰地看到不同商品的销售情况，包括价格、该天收藏量和销量变化情况，如图 3-38 所示。多方面综合对比，建议选择最具潜力的商品作为爆款商品的候选，直接单击"分析"按钮可以查看该商品的销售数据。

该商品的销售总览如图 3-39 所示，项目包括商品标题、价格、折扣、包邮、上下架时间、创建时间、近 30 天销量、累计销量和收藏量。从销售数据指标中，可以直观地看出变化，若下降趋势较为明显，波动变化较大，则不适合作为爆款商品。

| 序号 | 宝贝名称 | 原价/折扣价 | 该天收藏量 | 销量/较上一天 | 估算销售额/较上一天 | 7天销量/较上7天 | 操作 |
|---|---|---|---|---|---|---|---|
| 1. | 野餐垫防潮垫户外野炊营沙滩帐篷地垫防水加厚草坪垫子野餐布 | ~~¥156.00-236.00~~ ¥45.00-89.00 | 86 | 989 ↑19.16% | ¥44505.00 ↑20.5% | 6314 ↓8.65% | 分析 |
| 2. | 户外防侧翻吊床吊椅单双人室内家用成人儿童睡觉学生宿舍寝室秋千 | ~~¥106.00-402.00~~ ¥29.90-99.90 | 12 | 199 ↓7.44% | ¥5950.10 ↓4.57% | 1510 ↓22.08% | 分析 |
| 3. | 可机洗野餐垫ins加厚超声波防潮垫帐篷野炊便携春游地垫 | ~~¥216~~ ¥89.0 | 24 | 60 ↑30.43% | ¥5340.00 ↑36.57% | 416 ↓0.24% | 分析 |
| 4. | 户外便携折叠椅火车靠背凳子沙滩椅钓鱼椅凳画凳写生椅马扎导演椅 | ~~¥136.00-683.00~~ ¥32.90-239.00 | 16 | 40 ↓2.44% | ¥1316.00 ↑0.3% | 294 ↑6.91% | 分析 |
| 5. | 便携折叠椅子靠背钓鱼椅凳子休闲沙滩躺椅午休椅月亮椅子 | ~~¥236~~ ¥129.0 | 32 | 34 ↓5.56% | ¥4386.00 ↑5.94% | 232 ↑18.37% | 分析 |
| 6. | 冰袋保温包冰包饭盒便当包外卖保温箱保温袋保鲜冷藏 | ~~¥156.00-196.00~~ ¥49.00-79.00 | 8 | 34 ↑54.55% | ¥1666.00 ↑94.17% | 138 ↓1.43% | 分析 |

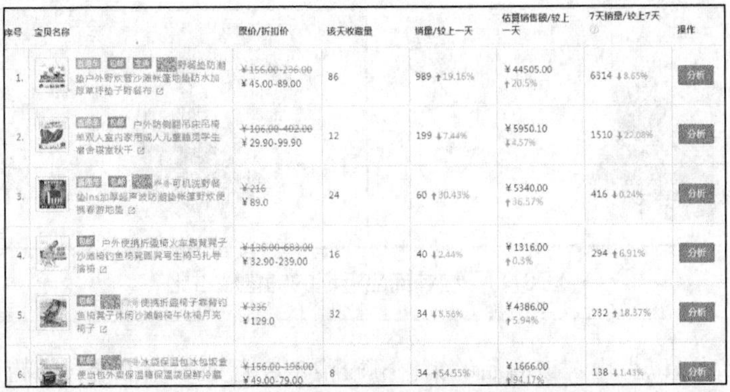

图 3-38　3 月 29 日店铺商品的销售情况

该商品最近 30 天的销售额统计如图 3-40 所示，商品在最近 30 天内销售额大致处于稳中有增的状态，说明商品比较具有成为爆款商品的潜力。

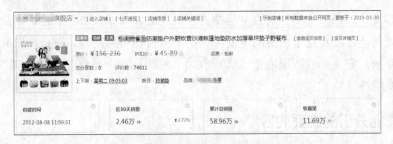

图 3-39　店铺商品的销售总览

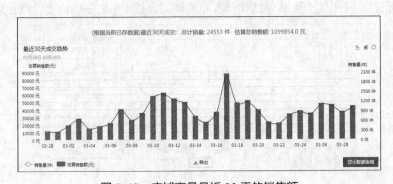

图 3-40　店铺商品最近 30 天的销售额

最关键的就是查看商品的贡献率，即商品的销售额占比。一般而言，商品销售额占比越高，表示该商品对店铺的贡献率越大。该商品近期的销售额占比如图 3-41 所示，可以看出该商品的销售额占比保持在 35% 左右，也说明该商品对于店铺的贡献率较高，有成为爆款商品的潜质。

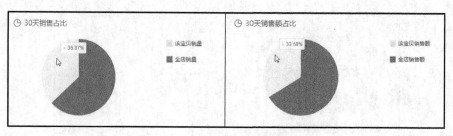

图 3-41　店铺商品近期的销售额占比

综上分析，可以得出：该商品的销售额较稳定，且处于稳中增长的趋势，对店铺的贡献率较大，可以将该商品作为重点打造对象。

## 3.6　竞品分析

竞品即竞争产品，它是指与自身店铺提供的产品在款式、属性、目标用户等方面存在相似之处的产品。在竞争激烈的电商市场中要想占据一席之地，分析和研究竞争产品是非常重要的，它能有效帮助商家了解竞争对手的产品和市场动态，以制定科学合理的产品运营策略。

### 3.6.1　竞品分析的主要内容

竞品分析可以从行业数据、产品数据、运营数据等多个角度展开进行，通常包括运营指标分析、人群画像分析、流量结构分析和关键词分析 4 个方面的内容，如图 3-42 所示。

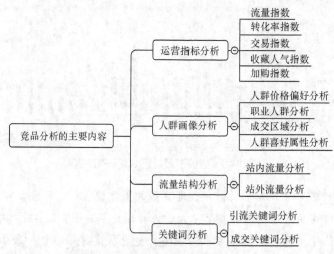

图 3-42　竞品分析的主要内容

## 3.6.2 竞品数据分析

通过数据对比的方法,可以有效地找出自己店铺与竞争产品之间的差距,然后根据数据反馈,制定出有针对性的营销方案。下面以"生意参谋"中的"竞争"模块为例来讲解如何进行竞品数据分析。

在"生意参谋"上分析竞品数据主要需要经历3个步骤,首先是添加竞品,其次是竞品数据对比,最后是竞品的关键词挖掘。

**1. 添加竞品**

分析竞品数据首先需要添加竞品,其具体方法为:在"生意参谋"中,第1步,单击"竞争",第2步,单击"监控品牌",第3步,单击"竞争商品",第4步,单击"查询竞品"下的"+"按钮,添加需要监控的竞品,如图3-43所示。

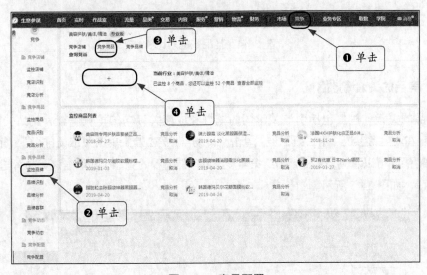

图3-43 竞品配置

**2. 竞品数据对比**

添加完需要监控的竞品就可以对具体的竞品数据进行分析了,查看竞品数据对比的方法是:在"生意参谋"中,第1步,单击"竞争",第2步,单击"竞品分析",打开竞品数据对比页面,如图3-44所示。在竞品数据对比页面,展示了自己店铺单品与竞品之间的关键指标对比,包括流量指数、交易指数、搜索人气等。

数据分析人员通过研究和分析竞品数据的变化情况,可以找出自己店铺单品与竞品的差距以及优势,进而精确、有效地找出解决办法,进一步提升店铺单品的各项关键指标。

例如，数据分析人员在分析竞品数据时，发现竞品的流量指数比自己店铺产品的流量指数高很多，那么就说明自己店铺中这款产品引流效果不是特别理想，应该想办法通过各种手段来增加这款产品的流量。

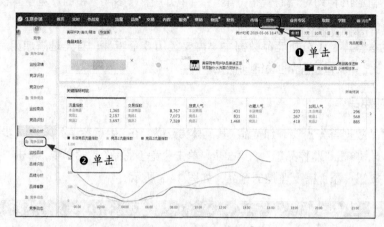

图 3-44　竞品数据对比

### 3. 竞品的关键词挖掘

竞品的关键词挖掘包括引流关键词的挖掘和成交关键词的挖掘。查看竞品关键词的方法是：在"生意参谋"中，第1步，单击"市场"，第2步，单击"市场排行"，第3步，单击"商品"，可以看到商品排行榜。第4步，如有要查看的竞品，可单击该竞品旁边的"趋势分析"，如图3-45所示。

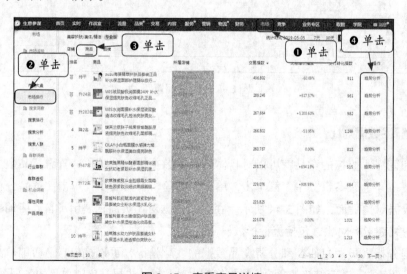

图 3-45　查看竞品详情

在竞品的详情分析页面，数据分析人员可以看到竞品的引流关键词和成交关键词排名，如图 3-46 和图 3-47 所示。通过分析和研究竞品的引流关键词和成交关键词，能够及时掌握竞品的热门领域和热门关键词，非常有助于产品的选品和产品标题的优化。例如，某家销售拖鞋的店铺，数据分析人员在分析竞品关键词时，发现竞品引流量和成交量最多的关键词均是棉拖鞋，这时商家就可以参考该关键词，针对自己的店铺进行选品，还可以根据该关键词来设置自己店铺的产品标题，从而获取更高的流量和成交转化率。

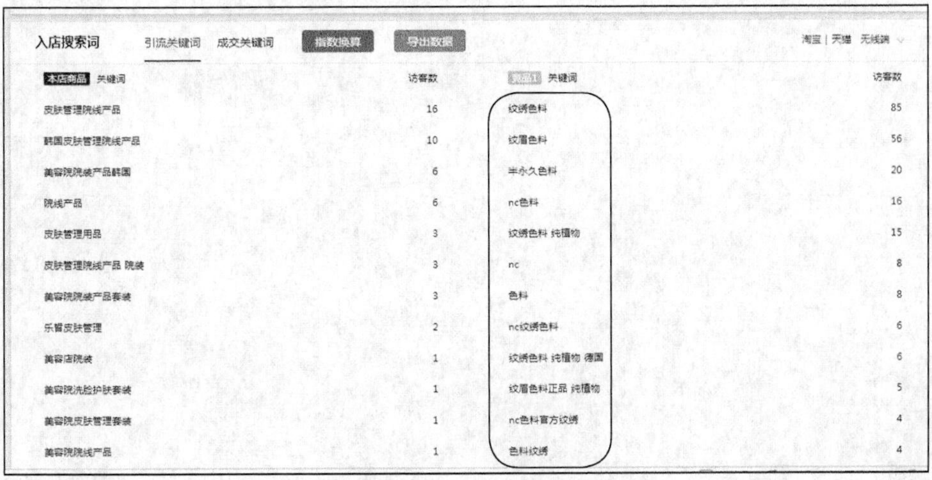

图 3-46　引流关键词排名

图 3-47　成交关键词排名

## 实践与练习

① 试着概括产品数据化分析的意义,并且以儿童玩具行业为例,做一份数据分析报表方案。

② 以京东平台为分析目标,从市场容量的角度来分析,找出适合中小商家经营的类目,并配合数据加以说明。

# 第 4 章

# 店铺数据化运营

随着电商环境的变化，店铺之间的竞争越来越激烈，以前的粗放式、经验式管理已经落后了。要管理好店铺，提升店铺的竞争力，必须通过数据分析。在进行店铺数据分析之前，需认识、了解店铺运营相关数据，并了解影响相关数据的因素，从而全面提升店铺运营效果。

## 4.1 认识店铺运营相关数据

在第 1 章已经介绍了网店分析的几大数据，这里将详细介绍有关网店运营与营销相关的几个重要数据。

一般来说，衡量一个网店运营与营销的效果是网店的销售额，销售额的基本计算公式如下。

$$销售额 = 访客数 \times 转化率 \times 客单价$$

有时候，运营人员也会使用流量来粗略计算销售额，其计算公式如下。

$$销售额 = 流量 \times 转化率 \times 客单价$$

下面详细介绍影响销售额的几个基本因素。

**1. 访客数**

访客数（UV），也称访客量，指每天来到店里的人数，也指全店各页面的访问人数的总和。在 24 小时内，同一客户（同一个 IP 地址）多次访问同一店铺不重复累积相加，只记录一次。

影响一个店铺访客数的主要因素如下。

➢ 商品分类丰富，布局合理，页面吸引用户。

➢ 营销推广做得好，能持续带来用户。

> 店铺装修、各类主题活动、新品、热销推荐图文设置等吸引人。

**提示**

商家可以通过生意参谋查看淘宝店铺的访客数。

### 2. 流量

流量（PV），即网店浏览量（或访问量），指客户每天在店里浏览的次数总和。同一客户多次访问同一店铺的次数可累积相加。

例如，一天有5个人进入店铺，第1个人浏览了1个页面，第2个人浏览了2个页面，第3个人浏览了3个页面，第4个人浏览了4个页面，第5个浏览了5个页面。可以得知店铺的访客数是5，浏览量为1+2+3+4+5=15个。

**提示**

流量是用来描述访问一个网店的访客数和访客所浏览的页面数量等数据的指标。例如用户数量IP、页面浏览数量、用户平均停留时间等。通常情况下，一个IP代表一个UV，但由于计算机IP也可能有重复的，因此并不是一个IP就一定对应着一个UV。

### 3. 转化率

这里所说转化率是指店铺转化率，即一个店铺的成交用户数与访客数的百分比，计算公式如下。

$$转化率 = 成交用户数 \div 访客数 \times 100\%$$

另外，下面介绍询单转化率和静默转化率。

> 询单转化率：通过咨询客服后成功交易的客户数与询问的客户数的百分比。询单转化率主要与客服密切相关，店铺要做好客服的培训工作，以提高店铺销售额。

> 静默转化率：没有通过咨询，直接下单购买的客户与访客数的百分比。这类客户通常是老客户，或者是以前收藏过商品或店铺的客户。商家可以通过店铺后台导出静默下单客户名单，然后选择合适的优惠活动方式，为老客户们提供优惠活动，提高静默转化率，从而提高店铺的销售额。

### 4. 客单价

客单价是指客户一次性购买的金额。平均客单价，即平均交易金额，就是指每个客户平均成交的金额，其计算公式如下。

$$客单价 = 商品单价 \times 平均购买数量$$

或者

$$客单价 = 总成交金额 \div 成交用户数$$

客单价是衡量店铺销售情况的重要指标，商家可根据该指标的变化情况调整商品的促销计划。

## 4.2 店铺流量分析

流量对一个店铺来说是非常重要的，流量就是客源，没有流量就没有转化，更谈不上销售额了。根据来源渠道，流量可以分为搜索流量（免费流量）、推广流量（付费流量）和其他流量，如图4-1所示。

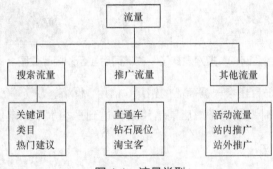

图 4-1 流量类型

### 4.2.1 搜索流量

每个平台都有相应的自然流量，如关键词搜索、类目搜索等。对于搜索流量较差的店铺，数据分析人员应根据店内实际情况给出调整建议。

**1. 关键词搜索**

部分已有购物目标的客户，会直接输入商品关键词搜索商品。例如，在天猫搜索框中输入"袜子"，符合客户搜索关键词的商品就会一一展现，如图4-2所示。

平台根据商品名称是否含关键词来对商品进行展示，所以如果搜索流量不佳，应考虑关键词是否合理。商家在选择关键词时，应注意以下几方面：

- 找到符合客户习惯的热搜关键词。
- 分析热门关键词与自己的商品是否存在关联。
- 分析既符合客户搜索习惯又与自己的商品有关联的关键词竞争力量。
- 分析使用关键词组合标题以后的效果。

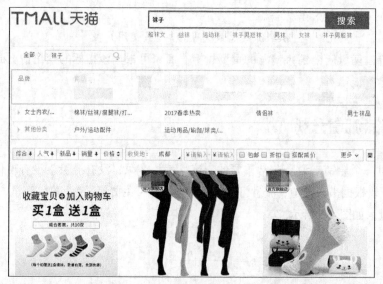

图 4-2　搜索"袜子"关键词后显示的商品截图

除了关键词外,平台还会根据商品的销量、信用、价格、人气等因素对商品进行排名。故商品搜索流量不佳时,还应考虑店铺信用是否达到平均水平、定价是否虚高、商品是否为冷门类目等。

**2. 类目搜索**

对于没有购买目标的客户,平台提供相应分类。例如,在京东平台上有家用电器、手机、运营商、数码、办公等多个类目推荐,如图 4-3 所示。客户可通过查看小类目来找到心仪的商品,从而形成交易。

图 4-3　京东首页类目截图

根据这种类目逐层分类搜索习惯可知，商品能否获得更多展示取决于商品发布时选择的类目。值得注意的是，商家不能为了增加类目流量恶意窜改商品类目。例如，在发布新商品时将裤子放到衣服的类目下，或是将冬季属性的服装命名为夏季属性的子标题等。

## 4.2.2　推广流量

与实体商家的营销广告一样，网店也需要一定的广告推广，如淘宝平台中常见的淘宝客、直通车、钻石展位。由于是付费推广，所以商家更希望每一笔钱都花在刀刃上。故在投放推广计划后，一般需要运营人员和数据分析人员监测推广支出与流量、销量的对比。如果存在问题，应给出具体建议。

**1. 淘宝客流量**

淘宝客推广是一种按成交计费的推广模式。淘宝客的作用类似于线下的推销员。阿里巴巴首次将广告推广视为商品，让其公开地展示在交易平台上。广告发布商和淘宝客可以实现销售利益的分享，获得双赢。

在淘宝客推广模式中，有商家、客户、淘宝客 3 个主要角色，如图 4-4 所示。在环环相扣的整条推广链中，每个角色都不可或缺。

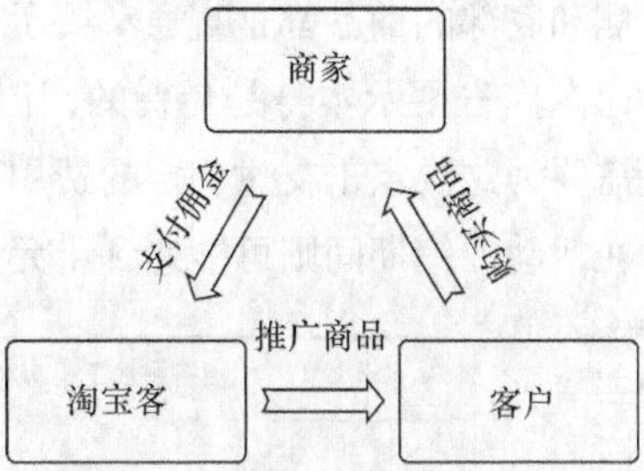

大部分商家都希望参与合作的淘宝客越多越好，但事与愿违，很多商家发布合作商品后都无人问津。数据分析人员可根据淘宝客计划与产出来分析计划是否合理。例如，某专营美妆商品的淘宝店铺近期投放了一个淘宝客计划，但因为推广效果不佳找到了数据分析人员小 A。小 A 分析实际情况后，给出以下建议。

图 4-4　淘宝客与商家、客户关系

（1）重新撰写招募帖

该商家认为淘宝论坛用户多，故仅在淘宝论坛发布合作信息，招募帖的曝光量不够。通常，商家会在联盟社区发布招募帖，如淘宝联盟。有经验的商家还会选择其他平台或者加入一些淘宝客交流群，发布招募信息。淘宝客在挑选时会特别重视商品的销量、佣金、数量、好评率和商铺的信誉。商家在撰写招募帖时，应注意以下几点。

➤ 注意标题的撰写。淘宝客会根据标题决定是否继续点击浏览，标题需要有吸引力。如"最高 60% 佣金店铺广招淘宝客""实力店主承揽精英淘宝客"，适度夸张而不离谱的标题可以放大亮点。

➤ 传达的信息要清晰。关于店铺、商品、佣金、联系方式、链接等信息要完整、清晰，描述商品时要突出特色、卖点。写出淘宝客的心声以引起共鸣。

➤ 注意图文并茂。虽然单击商品链接能跳转到具体商品详情页，可以查阅商品的有关信息，但为了给淘宝客留下好印象，可在招募帖中直接展示实物照片。

➤ 设置淘宝客奖励。为了与淘宝客维持长期的合作关系，可采取奖励措施，提高淘宝客的工作积极性。例如，月推 10 笔额外奖励 30 元。

（2）重新设置佣金

佣金设置过低，对于淘宝客而言不具吸引力；佣金设置过高，则可能带来亏本的风险。商家可以分别设置类目佣金和单品佣金。类目佣金率是对店铺内同类型的商品给出统一的提成比例，可直接设成默认的最低值；单品佣金率则应根据商品的价格、功能、质量、库存、历史业绩、口碑、季节、市场竞争等因素来设置。例如，店内面膜类目的佣金率是 15%，则对其中某款库存较多的面膜单品佣金率提高到 18%。

数据分析人员小 A 重点提醒商家，在设置佣金时卖家应考虑到成本与毛利的关系，保证在整个推广计划中成本处于可以承受的范围。

### 2. 直通车流量

直通车是按照点击量付费的一种广告形式，广告每被点击一次，商家会付给平台一定的广告费用，没有点击则不付费用。在淘宝搜索框中输入"杯子"，搜索结果页面右侧和底部的商品都是直通车展示位。直通车在搜索页面底部的展示位置如图 4-5 所示。直通车广告展示本身是免费的，但当客户看到了商家投放的广告，并且点击了广告，商家需要为这次点击支付一定的费用。在一般情况下，直通车每点击一次的费用几毛到几元，在活动促销期间则可能达到十元到二十元。

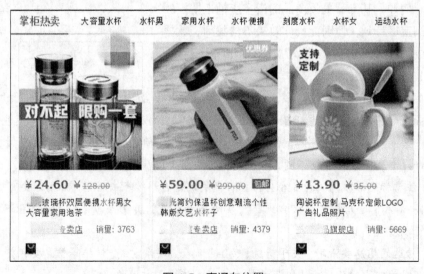

图 4-5 直通车位置

直通车原本只是一个按点击次数付费的工具,但随着商家越来越多,竞争激烈程度随之增加,造成愿意出高价的人群,可以牢牢地排在第一位。形成了靠出价、预算来排名的局面,这不利于筛选出优质商家。淘宝平台为了维护公平,也为了让中小卖家有机会参与竞争,设计了一个质量分系统。

简单来说,某个卖家仅出价高,但产品从点击率、成交转化率、成交金额、回购率、评分几个维度都不是很好,有可能这个卖家出3元一个点击,他的商品却排在2元一个点击的商品后面。淘宝会把整体的生态向某个方向去引导,如果某个产品好、服务好,花更少的钱也有可能获得好排名,这是质量分系统设计的一个初衷。

直通车是一个非常重要的付费推广工具,小调整也可能影响推广效率。所以直通车依据时间、地域、关键词等调整总计划,才是重中之重。直通车时间、地域、搜索人群、选取关键词和投放设备的具体内容如表4-1所示。

表4-1 直通车计划的重点维度

| 序号 | 维度名称 | 重点内容 | 举例 |
| --- | --- | --- | --- |
| 1 | 时间 | 在设置直通车计划时,可以设置从周一到周日,以小时为单位。再根据生意参谋等工具,找到该类目商品的成交高峰时间段,设置不同的比例。可以动态设置,出价随着时间段、销量而有所不同 | 用生意参谋找到上午11点和下午4点是蜂蜜商品成交的高峰期,但在夜里成交率特别低。在基数为1元的前提下,应该把成交高峰期的出价调整为150%,就是1.5元;在成交率低的夜里,出价调整为50%,就是0.5元 |
| 2 | 地域 | 不同地域的人群喜好或运输情况会有所不同 | 在设置直通车广告计划时,可以依照类目来分析地域接受度,将商品广告在接受度高的地域展示 |
| 3 | 搜索人群 | 搜索人群指的是在淘宝有一定特征的人群。根据特征,在设置计划时,也可以按照指定的人群,提高出价或降低出价 | ① 有人经常购买高价的东西<br>② 有人经常逛淘宝、天猫<br>③ 有人热衷于领优惠券<br>④ 年龄、收入、性别等层次 |
| 4 | 选取关键词 | 选取关键词是重中之重 | 系统会有一些提示,如某一个关键词应该出多少钱,但更多的出价原则来源于报表 |
| 5 | 投放设备 | 设备指的是PC端还是手机端。当然,在手机端出高价还是出低价,取决于类目特点,没有统一的标准 | 一般来讲,大家可能都会去抢手机端的流量,这时溢价会比较高 |

同样的道理,在分析计划时,假如昨天花了300元,究竟带来了多少成交,成交的时间、

地域及人群是可以通过直通车报表看出来的。

直通车工具近几年发展非常成熟，它的维度很多，数据也很准确。在具体投直通车时，可以从时间、地域、搜索人群、选取关键词和投放设备5个维度去分析报表。根据报表，再重新对计划进行优化。

在分析报表时，还有3个比较重要的点，如下。

➤ 次成交概念。有人可能从直通车某个关键词，在某个时间、地点进入页面，但没有成交。这个词虽没有带来成交，但用户却产生了收藏店铺、收藏产品或加入购物车的行为。没有成交可能因为某种原因，类似这样的数据偶尔一两天出现，不足以说明问题，但如果连续很长一段时间都这样，就要去分析一下加入购物车和收藏到成交这一步的问题出在哪，并加以改善。

➤ 消耗周期。前面提到可以用直通车的5个维度来分析成交、加购、收藏等，注意这个报表存在周期的问题。例如，一天、一周、一个月、一个季度的报表周期等。

➤ 产出周期。如果某店铺的产出周期是一周，即7天，该店铺若在一个产出周期的第1天吸引了500个访客，只要这些访客在这7天内产生成交，都应该算作是第1天的产出。

同样的道理，3天、15天、1个月的周期都是一样的，就是直通车后台会给出15天产出、15天累计。在看报表时要注意分析不同的报表周期和不同的产出周期，这有助于复盘投的广告、广告图、页面设置，最终达到指导推广甚至整体运营的目的。

直通车的计划应是根据日积月累的数据分析而得到的，表4-2所示为某服装店直通车工作进度表。

表4-2 某服装店直通车工作进度表

| 任务名称 | 类目 | | 工作目标 | 工具 | 开始之间 | 完成时间 |
| --- | --- | --- | --- | --- | --- | --- |
| ① 调查 | 名称、类目、效用、形容词、目标人群、市场活动等 | | 了解商品信息、投放人群和投放范围 | 生意参谋、阿里指数 | 开直通车前 | 2天 |
| ② 选款 | 选择3～5款类目 | | 测试真正主推款 | 生意参谋 | 开直通车前 | 2天 |
| ③ 选词 | 挑选关键词方法 | 非行业主推和行业主推关键词 | 尝试用中心词或精准关键词 | 挑选合适的主推关键词 | 系统推荐 | 开通直通车，即开始选词 | 每天调整，直至质量为6～10分 |
| | | 挑选与标题一样的关键词 | 类目词+属性 | | 流量解析工具 | | |

续表

| 任务名称 | 类目 | | 工作目标 | 工具 | 开始之间 | 完成时间 |
|---|---|---|---|---|---|---|
| ③选词 | 挑选关键词方法 | 多词一次性加，质量分在6以下的关键词删除，逐渐尝试用不同的关键词，直到其质量分达到8～10分 | 使用工具 | 挑选合适的主推关键词 | 魔镜软件 | 开通直通车，即开始选词 | 每天调整，直至质量为6～10分 |
| | 关键词推广方法 | 养词，一开始出高价，然后等1～2天流量稳定后再慢慢减价 | 建议主推款 | 测试关键词推广 | 直通车新报表 | 选词以后开始 | 每天调整 |
| | | 养词，一开始出低价，然后慢慢提价，如每个小时加0.05～0.1元提高质量分 | 新品推荐 | | 直通车新报表 | | |

数据分析人员应在选款时，重点关注推广商品的历史销量、历史收藏、评分、展现量、点击量、点击率、成交金额、成交笔数、成交转换率、原标题等；在挑选关键词时，重点关注推广商品的推广关键词、出价、位置、花费、点击量、成交金额、成交笔数、成交转换率、历史排名等。

### 3. 钻石展位流量

钻石展位是淘宝图片类广告位自动竞价平台，是专为有更高信息发布需求的卖家量身定制的产品。钻石展位精选了淘宝最优质的展示位置，通过竞价排序，按照展示计费，性价比高，更适合店铺、品牌及爆款商品的推广。目前，钻石展位已升级为智钻。

钻石展位是按照流量竞价售卖广告位的，计费单位为"每千次浏览单价"（Cost Per Mille，CPM），即广告所在的页面被打开1 000次所需要收取的费用。钻石展位不仅适合发布商品信息,更适合发布店铺促销、店铺活动、店铺品牌的推广信息。钻石展位可以在为店铺带来充裕流量的同时增加客户对店铺的好感,增强客户黏度。

钻石展位竞价模式和直通车有一点相似:谁出价高,谁就优先展示。钻石展位出价最高,就会优先展示,出价第2就第2展示,出价第3就是第3展示,这是比较理想的状态。

这里面要注意一点,假如有10个商家都投了0:00—24:00投放,预算也都足够的前提下,在某一时段(例如上午8:00—9:00),谁的出价更高,谁就从8:00:01开始展示,但能展示5分钟、10分钟,还是半小时,取决于总预算。总预算越高,分配到当前时段的预算也就越高。简单来说,竞价模式就是出价越高、展示越早、预算越多、展示越长。

> **提示** 动态调整的过程
>
> 钻石展位有个动态的调整过程。例如,甲商家今天早上8:00、9:00、10:00的展示都在前5分钟,但到11:00时突然乙商家预算更高、更多,那甲商家在11:00—12:00这个时间段就得不到展示,也就没有消耗。没有消耗的这部分费用会被平均分摊到当天计划剩余的时段,这就是动态调整。

数据分析人员在分析钻石展位计划时,应重点关注表4-3所示的内容。

表4-3 分析钻石展位计划要点

| 名称 | 内容 |
| --- | --- |
| 分析报表优化计划 | 分析报表有一个从上到下解剖计划并调整的过程。一般情况是先看计划,计划包括总支持和总销量以及总加购数量和总收藏数量。然后再向下拆分到具体单元,例如确定PC首焦和移动首焦哪个资源位产出更多。继而一步步定位,定位到具体的创意、定向上去。整个过程像是一个树状的结构,一个计划包含很多个单元,每一个单元包含很多资源位,每一个资源位有多个定向,每个定向之下有多个创意图 |
| 定向的选择 | 钻石展位的定向功能非常符合广告原则,它的定向是基于阿里的大数据后,还做了非常多背后的计算,所以理论上可以实现将广告展现给在店铺有过购买、收藏、关注、浏览行为的群体 |
| 资源位建议 | 钻石展位投放资源位包括PC首焦、移动首焦,PC首页、手机天猫的猫客焦点等。数据分析人员应重点分析投放资源位是否合理;若不合理,应与运营人员沟通,找到产出和流量都比较稳定的资源位 |
| 创意建议 | 除了基本的文案、配图等要素,还要有高点击的创意图。创意图不仅需要结合图文,更重要的是符合注意力、兴趣和行动三要素。在钻石展位后台可以看到如"创意实验室""创意库"等工具,它们会推荐系统优秀的创意。一个好的创意可以用一周左右的时间测试出来,但可以使用一两年。尤其对讲品牌、玩情怀的商家来说,一个好的创意不用频繁更新、更换创意、广告 |

经过一层层分析，最终确定好资源位、创意、定向等内容，预算好消耗的占比，且产出在接受范围之内，即可得到较好的投放计划。

### 4.2.3 其他流量

在电商平台中，除了系统推荐以及付费推广外，还有一些其他流量的存在，如站内、站外的推广。以淘宝平台为例，为推广平台及其商品，经常推出"聚划算""有好货""天天特卖"等活动。部分优质商家选择在站外网站推广，如微博、抖音等。数据分析人员在分析流量时，如果发现活动流量及站外流量较少，应与运营人员共同分析其原因和解决方法。

**1. 活动流量**

在日常生活中，热火朝天的电商活动已是屡见不鲜，特别是每年天猫举办的"双十一""双十二"；京东举办的"618"。不少商家纷纷报名加入活动，想在活动中分到优质流量。但部分商家即使参加了活动，流量也不尽如人意。数据分析人员应着重对活动规则和活动商品进行分析。

【实例1】

一个在淘宝平台经营女装的商家找到数据分析员小李，想解决店内活动板块存在的问题。小李对店内长期参加、举办的活动进行详细分析，发现存在如下问题。

（1）活动数量过少

该女装店是一个较为大众的女装店铺，主要面向20～25岁的女生。经过分析，这个年龄段的女生集中在学生和初入职场的女性身上，故消费能力有限，她们喜欢物美价廉的商品。而该店铺销量一般，参与的活动也寥寥可数，且活动力度也较小。所以，数据分析员小李给予的建议是多参加平台活动，平时也可以根据实际情况，制订节日活动、周年庆活动等计划。

（2）活动设置不合理

不同的平台活动，其主旨与规则也有所差别。但经过小李分析发现，该商家即使参与活动，其设置的规则也不合理。该商家为推广一款秋季新品，拿出10件新品参与免费试用。但由于该商品本身客单价较低，款式也很普通，所以活动效果一般，没有实质性改变。故数据分析员小李建议商家参加淘宝的聚划算活动。

阿里试用是目前全国最大的免费试用中心和最专业的试客分享平台，不仅提供了上百万份试用机会，还有亿万消费者对各类商品最全面真实客观的试用体验报告，供消费者参考。阿里试用的首页如图4-6所示。在阿里试用中，所有客户都可以申请免费试用商品，所以每天都有为数众多的买家等候在电脑前申请试用商品，人气非常火爆。但本案例中的新品服装在众多试用品中不具吸引力，所以报名试用的人不足10人，其试用报告的曝光量也很低。

图4-6 阿里试用首页

聚划算和阿里试用有所不同，它最开始是淘宝论坛的一个独立板块，用以聚拢一些卖家不时进行团购活动。聚划算的首页如图4-7所示。由于聚划算的全部商品都必须在原价上打折，优惠力度较大，因此拥有较为稳固的消费群体。

图4-7 聚划算首页

商家参加聚划算活动，有清库存、树品牌、关联销售等多种好处。

➢ 清库存：聚划算有较强市场凝聚力，是一个清理库存的好平台。

➢ 树品牌：参加聚划算活动能加大曝光率，对品牌宣传有良好的作用。

➢ 关联销售：可用聚划算主商品带动关联商品，这样，关联产品的销量也会不错。

➢ 积累客户：在商品质量良好的前提下，流量和销量有所提升，店内忠实客户的数量也有所提升。

➢ 加大商品搜索权重：流量、销量和评论的增加，能加大商品搜索权重，使得商品获得更好的曝光。

➢ 发现短板并加以改善：通过大量的销售数据，有利于发现店内商品、工作人员和物流等环节是否存在问题，若存在问题能及时进行改善。

本案例中的店铺由于知名度较小,客单价较低,商品较为大众,所以更合适参加聚划算活动,为商品和店铺带来更大的曝光量、流量和销量。

**2. 站内(微淘、淘宝头条)**

部分平台推出站内推广方式,且效果显著,如淘宝平台的淘宝论坛、淘宝头条以及微淘等。数据分析人员可对站内推广方式和效果进行总结分析,对有需要改进的地方进行调整。虽然站内推广方式多样化,但总体而言需要注意广告的软度。站在客户角度,客户不喜欢商家吹嘘商品如何好,而希望能从一些切入点去发现商品的好。

以微淘为例,运营微淘的商家数不胜数,为什么有的商家就能有高阅读量、高销量?数据分析人员可以通过对微淘运营数据分析后进行改进。打开微淘管理中心,能看到微淘数据概况、直接引流情况、直接引导成交笔数、单条动态数据等数据情况,如图4-8所示。

图4-8 微淘管理中心

通过分析净增粉丝数能快速得知近期粉丝的增长量;通过直接、间接引流情况和直接、间接引流成交的情况,可衡量近期微淘引流效果。微淘数据中单条动态数据对内容的改进有很大的参考意义。单条动态数据的内容包括标题、发布时间、曝光量、阅读量、点赞数、评论数、成交笔数、成交金额、流量等详细数据,可清楚地看到每一篇微淘推文的效果如何,如图4-9所示。数据分析人员可针对效果极差的推文做出改进。

图4-9 微淘单条动态数据

微淘运营粉丝过低,一般有以下几个原因。

(1) 账号吸引力不够

想要获得更多微淘粉丝的关注，首先要定位一个有趣的账号。如设置与店铺相关的头像和名称，让客户一看就能联想出账号能提供哪些商品和服务。为加大微淘曝光量，可在店铺首页放置微淘二维码，并以福利为噱头促使更多客户关注，如"关注微淘可领取1张3元无门槛使用代金券"。

(2) 与粉丝的互动较少

微淘粉丝积累是个漫长过程，可以说每一个粉丝都来之不易。有了粉丝的微淘，还必须要留住粉丝，避免粉丝流失。

➢ 与粉丝互动。想要维持并增进与粉丝的关系，需要商家投入感情去问候、评论、回复粉丝。

➢ 用活动来带动粉丝的积极性。商家可以在微淘上举行活动，如送出小礼品、小奖品等，让粉丝感到惊喜，带动粉丝的积极性，让粉丝一直保持关注微淘的兴趣。

➢ 推送符合粉丝兴趣的内容。如果在内容中直接推广商品，被接受的可能性就不大。想要留住粉丝，要从粉丝的兴趣点出发，推送符合粉丝兴趣的内容。

➢ 让粉丝有收获。想要留住粉丝，就要让粉丝有收获。例如"签到有礼""收藏有礼"让粉丝有收获；也可以在微淘内容中发布一些实用的内容，让粉丝有收获。总之，要让粉丝有收获，粉丝才会继续关注该账号。

(3) 内容为"王"

微淘想要吸粉，内容是"王道"。发布微淘的方式多种多样，总的来说离不开内容策划和布局。数据分析人员首先要做的是定位微淘账号，分析账号粉丝特点。例如一个主营食品的卖家，可以在无线"运营中心"中用"人群分析"功能查看近期来自所有页面、所有渠道的人群分析。卖家通过人群分析，可得知精准客户的画像。例如客户的年龄、性别、消费层次、职业分布等内容，再分析精准客户的兴趣，找到相关内容进行微淘推送，运营就能事半功倍。

数据分析人员在进行粉丝微淘营销时，还应注意微淘内容的标题、封面、差异化等方面。内容尽量做到图文并茂，先用图片来吸引注意，再在标题上润色，突出亮点，让人有点击欲望。图片与标题相呼应，不含广告信息。

### 3. 站外（论坛、微博、QQ、贴吧等社交网站）

为了吸引更多客户，部分商家选择在站外对店铺进行引流，如抖音、微博、微信、QQ等。数据分析人员可对站外推广流量进行分析，便于推广方式的改进，实现推广效果最大化。

由于粉丝运营周期长，所以一般要有专员运营。但在运营效果不佳时，数据分析人员依然可对站外流量进行统计分析，便于找到问题并及时处理。例如，抖音平台已经吸引了众多商家携商品加入短视频、直播中来，如佩奇手表、鞋刷、蟑螂抱枕、喷钱蛋糕等。

如今抖音平台上还出现了直达淘宝购买页面的链接，如图4-10所示。用户在观看视频时，只需点击视频中出现的商品购买链接，即可跳转相应的淘宝商品详情页面，如图4-11所示。对于用户而言，在抖音平台看到的商品，可直接跳转到淘宝、天猫商品详情页面，以便用户下单购买，使得整个购物流程便捷且有保障。

图4-10　抖音关于商品页面　　图4-11　抖音跳转商品详情页面

抖音短视频商品推广的好处在于，可利用用户的碎片化时间来进行推广。例如，一般看淘宝短视频的人，可能是对某商品有购买意向的。而看抖音短视频的用户，基本是在打发空闲时间，这类用户可能原本对商品没有购买意向，但在看完视频后，认为该商品还不错，可能会点击购买。

抖音与淘宝有关联推广功能，如某用户近期在淘宝搜索过"美白"，在抖音平台中，就可能看到多个推荐美白产品的短视频。这种精准式推广，更容易满足用户的需求，进而促使用户下单。

在抖音平台中，如果粉丝数量庞大但转化效果不佳，则应重点分析视频内容。

➢ 关联性。通常，视频内容和粉丝都要有一定的关联性。如美食博主推广食品，受众群众正好也是美食爱好者，转化率才高。

➢ 产品用途广泛且实用性较强。一般用途广泛且实用性强的商品销量更佳，如日常所需的服装、美妆产品等。

➢ 商品价格适中。用户往往用碎片化时间浏览短视频，对于青睐且价格适中的商品会立即下单。但如果商品价格虚高，可能导致用户犹豫，从而流失用户。

如果商品确实存在上述问题导致抖音流量不佳,数据分析人员应给出相应改善建议。

## 4.3 店铺访客分析

流量是店铺赖以生存的根本,若店铺没有流量,就意味着店铺内没有访客,更没有成交转化。而访客分析的目的就是对于流量的分析,研究透彻店铺流量的来源,通过分析流量的来源来素描访客画像,掌握店铺的主力消费群体的画像,对于店铺运营有至关重要的指导作用。

### 4.3.1 访客来源渠道分析

访客来源渠道的分析是为了掌握店铺客户的主要来源途径,在原有的渠道基础之上,不断拓展和优化,吸引更多的访客进店访问,以期增加店铺的成交转化率。下面以某主营保健品的店铺流量情况为例,来详细讲解访客来源渠道分析的具体方法。

**1. 店铺流量来源占比分析**

该店铺最近 7 天店内的访客来源渠道如图 4-12 所示。从流量来源来看,该店铺的免费流量主要来源于自然引流宝贝和自然引流词,付费流量主要来源于直通车宝贝和直通车词。可以很直观地看到该店铺的免费流量要远远高于付费流量,说明店铺的自主访问量较高,引流成本相对较低。这也说明了店铺现阶段主要是以免费流量为主,付费流量为辅,店铺的流量结构比较健康。

| | | | 04月28日 | 04月27日 | 04月26日 | 04月25日 | 04月24日 | 04月23日 | 04月22日 |
|---|---|---|---|---|---|---|---|---|---|
| 展现引流分析 | 免费 | 总引流宝贝 | 68个 | 69个 | 68个 | 73个 | 78个 | 78个 | 77个 |
| | | 总引流词 | 704个 | 725个 | 851个 | 847个 | 893个 | 938个 | 1047个 |
| | | 自然引流宝贝 | 68个 | 68个 | 67个 | 73个 | 78个 | 78个 | 77个 |
| | | 自然引流词 | 680个 | 705个 | 758个 | 833个 | 889个 | 933个 | 1033个 |
| | | 豆腐块宝贝 | 0个 | 0个 | 0个 | 0个 | 0个 | 0个 | 0个 |
| | | 豆腐块词 | 0个 | 0个 | 0个 | 0个 | 0个 | 0个 | 0个 |
| | 付费 | 左侧直通车宝贝 | 0个 | 0个 | 0个 | 0个 | 0个 | 0个 | 0个 |
| | | 左侧直通车词 | 0个 | 0个 | 0个 | 0个 | 0个 | 0个 | 0个 |
| | | 直通车宝贝 | 6个 | 7个 | 4个 | 7个 | 3个 | 4个 | 8个 |
| | | 直通车词 | 56个 | 49个 | 117个 | 19个 | 5个 | 6个 | 28个 |
| | 移动端免费 | 自然引流宝贝 | 68个 | 68个 | 67个 | 73个 | 77个 | 78个 | 77个 |
| | | 自然引流词 | 680个 | 705个 | 758个 | 833个 | 888个 | 933个 | 1033个 |
| | | 首屏宝贝 | 11个 | 10个 | 13个 | 16个 | 17个 | 20个 | 18个 |
| | | 首屏词 | 160个 | 156个 | 177个 | 204个 | 226个 | 212个 | 196个 |
| | 移动端付费 | 直通车宝贝 | 5个 | 7个 | 2个 | 4个 | 1个 | 1个 | 8个 |
| | | 直通车词 | 54个 | 48个 | 113个 | 12个 | 5个 | 5个 | 25个 |

图 4-12 店铺流量来源分析

## 2. 店铺流量终端占比分析

从流量终端占比来分析，移动端免费流量约占据70%，付费流量约占据30%，且店铺在适当加大付费推广引流，说明店铺移动端的引流情况良好，借助付费推广来吸引新客户。

由于移动电子商务的发展，越来越多的客户都倾向于在移动端消费，为了适应这一发展趋势，店铺商家需要重视移动端的拓展与布局。于是该店铺制定了"建立粉丝群"的移动端营销方案，如图4-13和图4-14所示。客户只要在店铺产生过消费行为，就能够直接进入粉丝群，门槛较低；而店铺商家直接在粉丝群中展开营销，极大地降低了老客户的维护成本，增加店铺的回头客数量。

图4-13　店铺的粉丝群　　　　图4-14　店铺粉丝交流群

店铺访客来源渠道的分析实质就是研究流量渠道，通过对流量渠道的细分，能够清楚地掌握店铺主要流量的来源，并且做好相关的维护工作，能够保持店铺的流量。当店铺发展到一定阶段后，固定的流量渠道可能已经不能满足店铺的发展需求了，那么，就需要拓展其他的引流渠道。

> **提示**　关于付费引流推广
>
> 付费引流推广也是拓展新流量的一种重要渠道，但是涉及推广经费。所以，在付费推广前一定要制定完善的推广方案，明确推广目标，计算投入产出比。若在推广过程中，遇到同行的恶意点击，还需要提前准备好应急方案。

### 4.3.2 访客人群画像分析

访客的人群画像是基于大数据运算而得到的，能够很直观地反映出店铺的主力消费群体的典型特征，这对店铺商家维护客户有着指导性的作用。下面将以 Z 店铺为例，从访客的性别、年龄段、喜好、会员等级以及终端偏好等层面出发，多维度地对访客人群画像进行分析。

**1. 店铺访客性别占比分析**

店铺访客性别占比主要是从性别的维度来划分店铺的主力消费群体。例如，Z 店铺访客的性别占比如图 4-15 所示，女性访客占据了约 67%，男性访客占据约 33%，直观地说明了店铺的主力消费群体是女性。

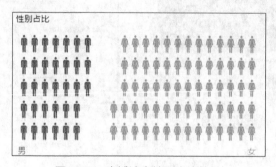

图 4-15　店铺访客性别占比统计

**2. 店铺访客年龄段占比分析**

由于不同性质的店铺所针对的消费群体不同，店铺访客年龄段占比的研究核心是找出店铺主力消费群体。Z 店铺访客的年龄段分布图如图 4-16 所示，其中，小年轻的占比最高，其次是青年和青壮年。由此可见，青年人是 Z 店铺的主力消费群体，为店铺发展贡献了源源不断的流量，其成交转化率也较高。

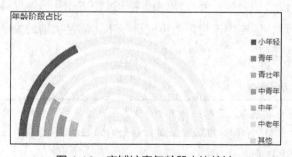

图 4-16　店铺访客年龄段占比统计

### 3. 店铺访客爱好占比分析

店铺商家研究访客爱好,其目的是更加精准地定位访客的细分群体。Z店铺访客的爱好分布图如图4-17所示,其中,数码爱好者的占比较高,也比较符合3C数码及周边产品的主营类目的定位。其次,音乐、美妆、收纳、阅读以及游戏等客户群也是店铺的主力消费群。

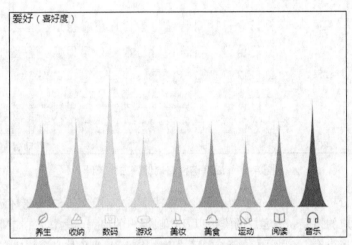

图4-17　店铺访客爱好占比统计

### 4. 店铺访客会员等级占比分析

进行店铺访客等级分析是为了方便积累老客户,降低拓客以及维护客户的成本。Z店铺访客的会员等级占比分布如图4-18所示,其中,初级会员占比最多,说明店铺的主要客户群的等级是初级会员,这部分客户的最大特点就是易拓展、易流失,会给店铺拓客成本带来较大的压力。那么,接下来商家需要重点维护中级客户以及高级客户。

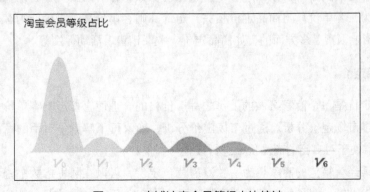

图4-18　店铺访客会员等级占比统计

#### 5. 店铺访客终端偏好占比分析

随着移动终端的普及，越来越多的 PC 端流量正朝着移动端倾斜。Z 店铺访客的终端分布如图 4-19 所示，其中，移动端客户约占据 97%，远远超过了 PC 端客户。所以，在店铺的运营过程中，需要重点打造移动端的服务，维护好移动端的新老客户。

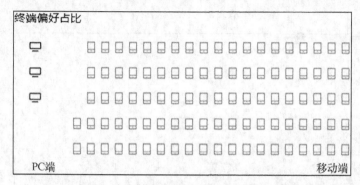

图 4-19　店铺访客终端偏好占比统计

店铺访客分析的最终目的是明确店铺访客特征，针对这部分主力群体进行有效的营销，包括新客户的拓展、老客户的维护以及休眠客户的挖掘。尤其是在市场竞争激烈的情况下，同行为了吸引新客户，纷纷打起了"价格战"，尽管价格是影响成交的重要因素，但是这一战略却不能成为长久的运营方案，店铺商家做好访客的分析，掌握访客的核心，才是店铺诊断的重中之重。

## 4.4　店铺客单价分析

众所周知，客单价是衡量店铺销售的重要指标，它与店铺的发展紧密相连。各个电商平台后台都可查阅客单价数据。客单价数据可供数据分析人员分析店铺发展情况。有人片面地认为，客单价只与商品定价相关，定价高则客单价高，定价低则客单价低。其实客单价的影响因素是多方面的，如商品定价、关联销售、活动促销等。

#### 1. 商品定价

为商品定价是每个商家必做的工作之一，价格的合理性直接影响客单价。一个合理的定价应经过市场定价分析。通过市场定价分析，商家可了解竞争对手的商品价格和市场价格体系，便于对自己的商品价格进行设置与调整。

例如，某经营箱包的商家想为一款双肩背包定价，可以在阿里指数中查看"双肩背包"的价格带分布，如图 4-20 所示。数据显示，最近 30 天，1688 市场的双肩背包行业，浏览和购买最多的商品价格为 21 ~ 30 元。

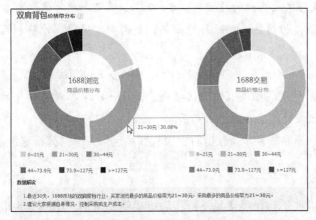

图 4-20　阿里指数显示双肩背包价格带分布图

在了解双肩背包的成本后，可在电商平台查看最受客户青睐的商品价格。如在淘宝平台中查看双肩背包的销量从高到低的商品价格，如图 4-21 所示。销量较高的双肩背包价格为 29.80 ~ 99.90 元。

图 4-21　淘宝双肩背包销量从高到低商品价格截图

综合最受欢迎的成本价格、销量高的商品价格以及商品成本等因素对价格进行初步定位。除此之外，还可通过分析市场性质、销售策略、商品形象进行更为精准的定位。

➢ 市场性质：不同的购物平台有着不同的性质，如淘宝主营综合性商品；京东商城主营电器商品；当当平台主营图书。数据分析人员在考虑定价时，应根据不同平台的客户消费习惯和销售市场的大小进行分析。例如，拼多多平台的客户喜欢价廉的商品，对于高端商品和高昂价格不够敏感，故拼多多平台不适合售卖高价商品。

> 销售策略：不同的销售策略将会产生不同的商品定价，而商品的销售策略需要根据商品性质、企业形象及店铺的特性来制定。例如，销售高端的名牌商品，则需要定高价，才能体现品牌价值；而销售一些过时的商品，则需要定低价，才能利用价格优势使商品顺利打开销路。

> 商品形象：商品形象决定了商品价格。例如，一款新品风衣，其版型、颜色都是当下最受欢迎的，那可以把风衣的价格提高；如果一款风衣是前两年的库存货，则需要设置为低价，才能吸引更多客户点击购买。

所以，当一个商品的客单价较低时，应从商品定价入手，分析定价是否合理。

**2. 关联销售**

关联销售在电商平台已经屡见不鲜，它可以使流量的利用率实现最大化，可在提高商品曝光率的同时，提升转化率，提高客单价。因此，店内商品客单价过低，数据分析人员可从关联销售方面入手分析。例如，在蘑菇街平台上，一款外套的单价为69元，一款裙子的单价为65元，两件合计为134元，购买套装价格为127元，如图4-22所示。

图 4-22　关联销售的商品

在选择关联销售商品方面，可参考以下两种类型关联方法。

> 同类型关联。选择功能相同、产品属性相近或者价格相近的同类型商品作为关联商品。例如，主推商品为一件白色T恤，则关联商品可以是一条牛仔裤；又或者主推商品为一款80元的美白霜，那么关联商品可以推荐一款60元的卸妆水等。

> 互补型关联。可以选择功能互补的商品作为关联商品。例如，主推商品为笔记本电脑，可以搭配耳机、键盘膜等配件进行关联销售。

除此之外，客服在与客户交流过程中也可以推荐关联销售，提高客单价。例如，客服在与客户核对完美妆商品信息后，提到"感谢您的购买，目前有加购小福利，10元一只草莓唇膏、12元一支护手霜……"，如图4-23所示。用主动搭配加优惠的方式来建议客户多买产品，提高客单价。

图 4-23　建议客户加购的页面

### 3. 活动促销

活动方式多种多样，如满减、满送、店庆、双十一、双十二。如何通过活动提升客单价呢？主要是用低价吸引客户关注，再设置相应的门槛限制，让客户多下单。例如，先在店铺首页展示"店铺 8 周年庆，优惠福利等你来领取"。当客户点击详情页时，会自动跳转活动详情页：店内所有商品买就送，购买单件包邮；购买两件 8 折；购买 3 件 6 折；购买 5 件及其以上，价格最低的一件免费送。作为客户，如果商品正好是自己心仪的，价格上面多买多送，则更愿意多多购买。单个客户购买的商品数量增多，则客单价也有所提升。

> **提示　活动建议**
>
> 满减和打折，都易在无形中贬低商品的本身价值，所以不建议常开展这种活动。满送的话，建议定期更换花样，不能一成不变地送一个商品，最好是每月换。礼品的更换可以增加商品的新鲜感。

## 4.5　商品上下架最佳时间分析

上下架时间是决定商品搜索排名的重要因素之一。根据淘宝商品的排名规则，搜索一款商品时，商品离下架时间越近，搜索排名就会越靠前，也更容易被搜索到。所以，商家要想让自己店铺中的商品有一个好的搜索排名，获得更多客户的关注，吸引更多的自然搜索流量，就必须仔细设计商品的上下架时间。

根据淘宝的系统规定，商品的上架周期为 7 天，也就是说商品在某个时间上架，到 7 天后的同一时间就会下架，这是一个自动循环的周期，而这个周期内的起始时间和结束时间就是商品的上下架时间。只要知道了商品的上架时间，也就能知道商品的下架时间，因此准确地分析商品上架的最佳时间点，就能够有效提高商品的搜索排名。

### 4.5.1 最佳上架日期分析

某网店准备上架一款新零食。为了找到最佳上架时间，数据分析人员先对该商品进行了日期测试和时间段测试，测试价格暂定为 49 元。

经过一周时间商品销售数据测试，得到了图 4-24 和表 4-4 所示的销售指标数据。

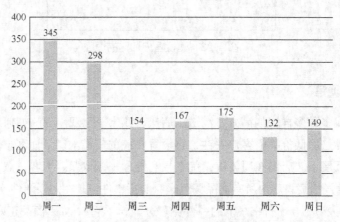

图 4-24　新零食在不同日期的销量

表 4-4　新零食在不同日期的综合数据

| 上架日期 | 销量 / 件 | 售价 / 元 | 销售额 / 元 |
| --- | --- | --- | --- |
| 周一 | 345 | 49 | 16 905 |
| 周二 | 298 | 49 | 14 602 |
| 周三 | 154 | 49 | 7 546 |
| 周四 | 167 | 49 | 8 183 |
| 周五 | 175 | 49 | 8 575 |
| 周六 | 132 | 49 | 6 468 |
| 周日 | 149 | 49 | 7 301 |

结合图表来看，在测试的周期内，周一和周二的销量最佳，其销售额也最高。周三

至周日的销量和销售额则相差不大。由此可见,这款零食上架时间首选周一,其次是周二。如要得到更加精确的结果,可以连续测试多周(每周上架时间应为一个固定的时间,如每周一零点,以减少因上架时间不同造成的数据干扰),并分别计算出周一到周日每天的平均销售额,再以此找到销售额最高的那天,作为上架日期。

### 4.5.2 最佳上架时段分析

找到上架日期之后,可以进一步分析最佳上架时间。通常来说,一天当中流量较多的时间段通常集中在10:00、15:00—16:00以及20:00—22:00,因此,商家尽量把商品的上架时间设置在这几个时间点,就能够获得更多的流量。

这里需要注意的是,虽然全网各个时段的流量变化基本上相同,但是由于销售商品的类目不同和客户的购买习惯不同,流量高峰时段有可能会存在一定的差异,因此在设置商品上架时间前,可以对时间点进行测试。

该款新零食在周一这天的销量数据如图4-25和表4-5所示。

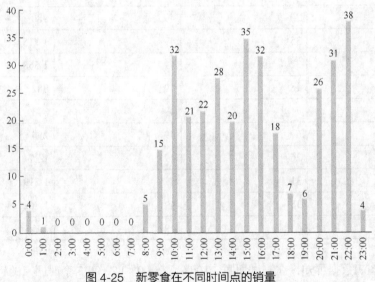

图4-25 新零食在不同时间点的销量

表4-5 新零食在不同时间点的综合数据

| 时间点 | 销量/件 | 售价/元 | 销售额/元 |
| --- | --- | --- | --- |
| 0:00 | 4 | 49 | 196 |
| 1:00 | 1 | 49 | 49 |
| 2:00 | 0 | 49 | 0 |

续表

| 时间点 | 销量/件 | 售价/元 | 销售额/元 |
| --- | --- | --- | --- |
| 3:00 | 0 | 49 | 0 |
| 4:00 | 0 | 49 | 0 |
| 5:00 | 0 | 49 | 0 |
| 6:00 | 0 | 49 | 0 |
| 7:00 | 0 | 49 | 0 |
| 8:00 | 5 | 49 | 245 |
| 9:00 | 15 | 49 | 735 |
| 10:00 | 32 | 49 | 1 568 |
| 11:00 | 21 | 49 | 1 029 |
| 12:00 | 22 | 49 | 1 078 |
| 13:00 | 28 | 49 | 1 372 |
| 14:00 | 20 | 49 | 980 |
| 15:00 | 35 | 49 | 1 715 |
| 16:00 | 32 | 49 | 1 568 |
| 17:00 | 18 | 49 | 882 |
| 18:00 | 7 | 49 | 343 |
| 19:00 | 6 | 49 | 294 |
| 20:00 | 26 | 49 | 1 274 |
| 21:00 | 31 | 49 | 1 519 |
| 22:00 | 38 | 49 | 1 862 |
| 23:00 | 4 | 49 | 196 |

结合图表数据可知，在测试期间，10:00、15:00 和 22:00 3 个时间点的销量最佳，该款新品的上架时间应定在这 3 个时间段，即可为商品争取更多的免费流量。

**提示**

也可以从避免竞争高峰期的角度来分析商品的最佳上架时间。如可以通过生意参谋查看该类商品每一个时段有多少商品上架，来选择流量较大、上架商品数量和热卖商品数量相对较少的时间点，上架自己店铺的商品。

## 4.6 店铺转化率分析

店铺成交转化是所有数据指标中的核心，成交转化率决定了店铺的运营走向。成交转化率较高的店铺往往积累了一批忠实客户，能够为店铺带来较为可观的流量和成交额，推动店铺的良好发展。成交转化率也是衡量店铺健康程度的关键指标，一旦成交转化率呈现下降的趋势，很直观地说明了店铺运营出现了较大的问题，需要即刻整改。店铺转化率分析的整体思路如图4-26所示。

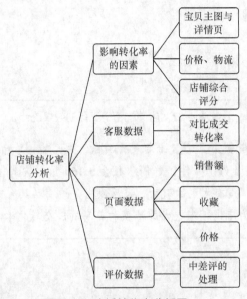

图4-26 店铺转化率分析图

### 4.6.1 影响转化率的因素

由于店铺运营涉及的领域较多，所以，影响成交转化率的因素也非常多，归纳起来主要有如下几个方面的因素。

- 宝贝主图与详情页的图文细节，店铺装修与视觉设计、页面布局。
- 同类宝贝的价格和物流运费等。
- 店铺综合评分：如信用等级、客服服务、买家评价，以及店铺DSR综合评分。

转化率是店铺最终能否盈利的关键所在，如果一个店铺的流量和访客数都很高，但其转化率很低，店铺很难实现盈利。

【实例2】

某主营花卉种子的商家，在店铺营销活动方面有独到的研究，该店铺在最近7天内的营销活动的数据如图4-27所示。商家在店铺促销活动中使用了"搭配减"和"免邮"两种促销工具；在店铺推广中使用了"直通车"营销工具。根据商品的销量和销售额来看，店铺的成交转化率较高，且比较稳定，说明店铺的营销效果良好。

| | | 05-01 | 04-30 | 04-29 | 04-28 | 04-27 | 04-26 | 04-25 |
|---|---|---|---|---|---|---|---|---|
| 营销 | | 销售量：906<br>销售额：4.16万 | 销售量：485<br>销售额：2.51万 | 销售量：743<br>销售额：3.55万 | 销售量：855<br>销售额：4.38万 | 销售量：866<br>销售额：4.28万 | 销售量：854<br>销售额：4.28万 | 销售量：877<br>销售额：4.42万 |
| 店铺促销 | 满减 | | | | | | | |
| 店铺促销 | 搭配减 | 详(35) | 详(35) | 详(35) | 详(35) | 详(35) | 详(35) | 详(33) |
| 店铺促销 | 免邮 | 详(107) | 详(107) | 详(107) | 详(107) | 详(107) | 详(104) | 详(101) |
| 店铺推广 | 直通车 | 详(6) | 详(5) | 详(6) | 详(6) | 详(7) | 详(4) | 详(7) |

图 4-27　店铺的营销工具的效果统计

为了进一步分析营销工具给店铺带来的实际效果，某一单品在最近30天的销售数据如图4-28所示，总销量为109件，总销售额为5 169元，从销售总体趋势来看，该商品的销售情况比较稳定，没有太大的波动，也反映出了该商品具有比较固定的成交转化率，能够在一定时间段内为店铺带来较大的流量和较高的成交转化率。

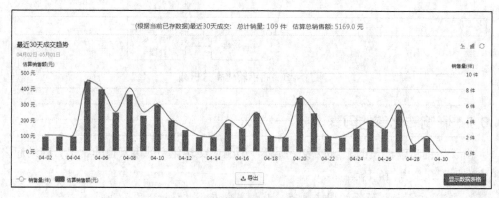

图 4-28　店铺单品的销售数据统计

以上案例从营销活动的层面讲述了成交转化率的影响因素，一般而言，商家都希望店铺能够提供包邮、满减、折扣或者会员积分等优惠活动。所以，店铺商家就应该顺应"民意"，站在客户的立场上去设置促销活动，激发客户的购买欲望，提升店铺的成交转化率。

> **提示**
>
> 通常情况下，一个成熟的店铺的转化率为3%~5%，新店铺的转化率为1%~2%。如果一个店铺的转化率低于1%，就要分析这个店铺存在的问题了。

## 4.6.2 客服数据分析

客服是影响成交转化的关键因素，也是网店人员构架中不可或缺的部分。当一位访客进入店铺浏览时，第一个接触的就是客服，若客服能够以优质的服务态度和过硬的服务技巧去服务，则能够提升店铺的成交转化率。

【实例3】

某主营日用品的店铺对店铺的3位客服人员进行了考核，其中重点考核了咨询成交转化率（成交转化率＝所有咨询并产生购买行为的客户总数 ÷ 咨询客服总人数），表4-6所示是该店铺客服人员的成交转化率统计表。

表4-6 成交转化率评分表

| 考核指标 | 评分标准 | 分值 | 评定等级 |
|---|---|---|---|
| 成交转化率（$X$） | $X \geqslant 51\%$ | 100 | A |
| | $45\% \leqslant X < 51\%$ | 90 | B |
| | $40\% \leqslant X < 45\%$ | 80 | C |
| | $35\% \leqslant X < 40\%$ | 70 | D |
| | $30\% \leqslant X < 35\%$ | 60 | E |
| | $25\% \leqslant X < 30\%$ | 50 | F |
| | $X < 25\%$ | 0 | G |

店铺商家对3名客服人员进行了绩效分析，统计了成交转化率、得分以及评定等级3个重要数据指标，具体如表4-7所示。

表4-7 客服人员咨询成交转化率以及评定等级统计表

| 客服编号 | 成交总人数 | 咨询总人数 | 成交转化率 | 得分 | 评定等级 |
|---|---|---|---|---|---|
| 甲 | 4047 | 7964 | 51% | 100 | A |
| 乙 | 289 | 1984 | 15% | 0 | G |

续表

| 客服编号 | 成交总人数 | 咨询总人数 | 成交转化率 | 得分 | 评定等级 |
|---|---|---|---|---|---|
| 丙 | 6581 | 16324 | 40% | 80 | B |

从 3 位客服人员的工作绩效来看，甲、丙客服的成交转化率较高，乙客服的成交转化率非常低，其工作绩效得分为 0。在同一时间段内，成交转化率是考验客服工作质量的重要指标之一，成交转化率越大，客服人员对店铺的贡献越大。

所以，在下一阶段的运营中，店铺商家可以采取淘汰式客服激励机制，对于工作绩效较差的客服，也能够在一定程度上起到激励的作用。

### 4.6.3 页面数据分析

页面数据则侧重于商品详情页的数据，主要是销售额、收藏量以及价格渠道等指标，这些数据都是影响成交转化的关键因素，店铺商家需要重视这些细节因素。

【实例 4】

某主营女装的店铺商家为了研究商品页面数据，从后台中查看了关键数据，店铺热销商品前 3 名如图 4-29 所示。

从整体上分析，商品的销售额成为考量商品热度的重要指标。销量越大，销售额越高，销售量占比也就越高，说明该商品能够直接为店铺创造利润，其成交转化率是非常高的。这类商品的生命周期正处于成长期，具有非常大的发展空间，流量大、转化高，属于店铺的镇店之宝，能够打造成为爆款商品。

| 热销宝贝 | | | | | | | |
|---|---|---|---|---|---|---|---|
| | 宝贝 | 近30天销量 | 近30天销售额 | 日销量 | 日销售额 | 销售占比 | 销售额占比 |
| 1 | 2019夏装新款韩版纯棉宽松短袖打底衫ins潮T恤半袖上衣女 | 56295 1.4%↑ | 332.14万 1.4%↑ | 2436 52.25%↑ | 14.37万 52.25%↑ | 9.69% | 5.64% |
| 2 | 2019夏装新款韩版宽松上衣纯棉ins融短袖T恤女EQ12722號 | 24796 4.15%↑ | 168.61万 4.15%↑ | 1471 24.14%↑ | 10.00万 24.14%↑ | 4.27% | 2.86% |
| 3 | 2019夏装新款女装韩版上衣纯棉宽松短袖圆领T恤Z11082號 | 9549 5.82%↑ | 64.93万 5.82%↑ | 687 78.44%↑ | 4.67万 78.44%↑ | 1.64% | 1.1% |

图 4-29 店铺热销商品前 3 名

其次，收藏量是考量商品人气的指标之一，这个数据指标对于新品上市的测试非常关键，在新品中选择收藏人气最高的商品上架，能够获得更多的搜索流量和关注度。

店铺单品的收藏量趋势图如图 4-30 所示，在最近 30 天内，该商品的收藏量呈直线上升趋势。商品的收藏量越大，说明对商品感兴趣的人越多，在市场中能够获得较大的关注度。这类产品往往自带流量，能够吸引访客主动搜索和访问，降低商品的推广成本，并且这类产品具有非常大的市场可拓空间。

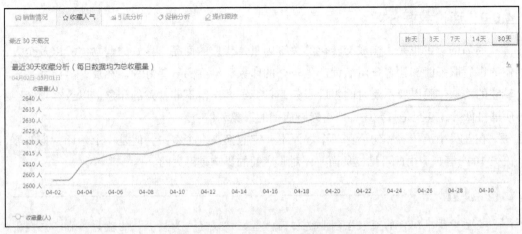

图 4-30　店铺单品商品的收藏量趋势

最后，从价格渠道来分析，不同渠道的定价不同，这也是一种运营策略。由于移动互联网的发展，移动端成交转化率不断攀升，所以，为了鼓励客户在移动端下单，可以在 PC 端和移动端设置不同的价格。

店铺单品商品的价格变化趋势如图 4-31 所示。为了吸引移动端的客户，该商品的移动端价格有所调整，以更优惠的价格来促成成交转化。但是值得注意的是：在促成交易的同时，PC 端价格和移动端价格的差距不宜设置过大，价格差控制在商品定价的 10% 以内。

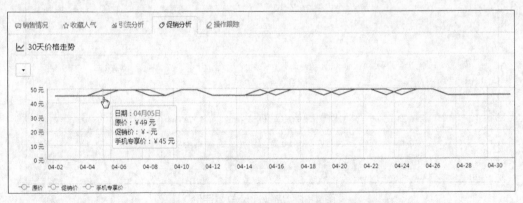

图 4-31　店铺单品商品的价格变化趋势

页面数据所呈现出店铺整体的运营动态，其单品商品的页面数据则集中反映了该商品的营销趋势，能够从关键的数据指标中提炼和分析，做到页面数据优化；然后再从局部到整体，逐步完善商品详情页面，促进成交转化率的提升。

### 4.6.4 评价数据分析

商品的评价也是影响成交转化的关键因素，优质的商品、良好的购物体验以及全方位的售后服务能够让客户对店铺产生较好的印象，给商品五星好评。相反，劣质商品、较差的购物体验以及不及时的售后服务，只会给客户留下非常差的印象，以致客户会给店铺打低分，甚至是打差评，严重影响店铺的形象和信誉。

在业界中流传着一句话：一个好评不一定能换来一个客户，但是一个差评一定能够流失 10 个客户。由此可见，负面差评对于店铺的影响是巨大的。

【实例 5】

某主营手机配件的商家在创业之初因为坚持"以客户为核心"的理念，为客户提供正品行货，从而积累了良好的口碑，在激烈的市场中成功突围。随着店铺的不断壮大，该商家仍然坚持创业初心，重视口碑效应，始终强调"以客户为核心"。

该店铺的一款充电宝的用户评价如图 4-32 所示。该商品收到超过 115 万条评论，其好评率是 99%，其好评关键词是充电快速、功能强大、携带方便、漂亮大方以及做工精湛等，说明客户对于该产品也是比较认可的。

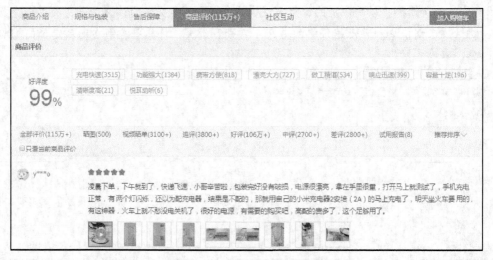

图 4-32　店铺评价总体评价

但是最值得注意的是商品的中评和差评，分别如图 4-33 和图 4-34 所示。一旦出现中差评，一定要第一时间联系客户，询问原因，并且在第一时间内给客户一个合理的解释。若产品出现质量问题，需要征求客户的意见，为客户退款或免费退换，以降低店铺的差评率。

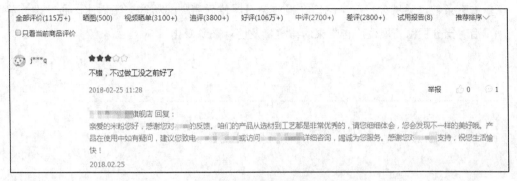

图 4-33 店铺商品的中评

图 4-34 店铺商品的差评

为了保证店铺的评价数据，店铺商家可以采取一定的措施。例如，在销售商品的时候，提前告知客户，若出现任何差错，可直接与客服人员联系；并完善店铺的退换货方案，给客户提供一个比较可靠的购物环境，赢得客户的信任。

## 实践与练习

① 拟订一个直通车投放计划，计划内容需含投放时间、地域、搜索人群、关键词和设

备等要素。

② 如有条件，尝试分析一个网店在投放钻石展位后店铺的访客来源占比，通过投放前后对比分析钻石展位广告带来的访客量及访客来源变化。

# 第 5 章

# 客户数据分析

不少线下商店店主的经营信条是"客户至上""没有不对的客人,只有不好的服务",由此可见客户对于店铺的重要性。同样,实体店的经营之道也适用于线上店铺。在大数据驱动决策的时代,掌握客户对店铺贡献与发展,做好客户的数据化分析,充分地挖掘客户的潜在价值,是经营好线上店铺的必要技能。

## 5.1 客户数据的价值

作为电商商家,应经常考虑这几个问题:店铺的新客户比例是多少?店铺的老客户流失严重吗?店铺的成交转化率如何?这些问题都涉及客户数据。由此可见,客户数据的分析对店铺发展有着至关重要的意义,既能够辅助商家进行客户数据分析,又能够实现对客户深层次的挖掘和转化,培养店铺的忠实客户。

### 5.1.1 客户基本信息价值

将客户的属性列举出来,可以绘制成一张信息量极大的用户画像图,如图 5-1 所示,一个客户包含了性别、出生年月、教育程度、家庭收入以及工作职业等信息,甚至能够通过客户的浏览记录和交易记录来判断客户有无子女、家用汽车的型号等信息。

图 5-1 客户所产生的信息

客户基本信息具有巨大的价值，商家借助大数据进行客户营销与分析，能够挖掘出客户的潜在价值，促成潜在客户的成交转化，促成老客户的二次转化，甚至是多次转化。在降低营销成本的基础之上，最大限度地挖掘客户的价值，为店铺创造更大的利润。通常而言，客户的基本信息价值主要蕴含了以下几个方面，如图5-2所示。

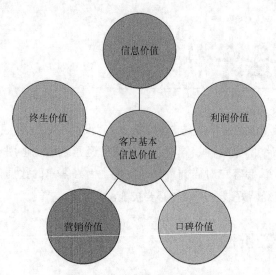

图 5-2　客户基本信息的价值

客户基本信息的价值主要是围绕客户的消费行为来开展的，并且对其进行深入的研究，在获得相关的信息之后，需要对其进行挖掘和转化，使其产生经济效益。

➢ 信息价值：客户在店铺中产生了消费行为，通过后台的数据能够获取客户的基本信息，包括消费金额、手机号以及个人偏好等。在店铺的促销活动中，商家可以通过发送营销短信来吸引老客户，增加店铺的回头客成交转化率。

➢ 利润价值：店铺的利润都是由客户带来的，新客户能够为店铺带来新鲜的流量，老客户能够为店铺创造更大的利润。根据"二八原则"，店铺80%的利润是由老客户带来的，由此可见，老客户的维系对店铺有着举足轻重的意义。

➢ 口碑价值：店铺的商品质量、客服专业度以及物流速度都能够影响客户对店铺的印象，若客户对店铺的印象好，会产生多次成交转化，也可能会带来其他的客户，越传越广，进而产生口碑效益。

➢ 营销价值：店铺要想良好地运营，离不开科学的营销策略。例如，在客户生日之际，以店铺的名义发送生日祝福短信，一是提升店铺在客户心中的印象，让客户感受到店铺的人文关怀，增加客户对于店铺的好感度；二是增加营销活动的曝光率，发布店铺的促销活动信息或者新品上架信息。

➢ 终生价值：一旦客户在店铺中产生了交易，就表示客户为店铺的发展贡献了一份力量，只要店铺处于运营状态，该客户就是店铺的会员。一般而言，为了能够更好地挖掘客户的价值，店铺会对客户的价值按照金字塔的形式来进行等级的划分，会员等级越高，对店铺的贡献率越大，是店铺重点维系的客户群，其中，VIP会员是"金字塔顶端的客户"，如图5-3所示。

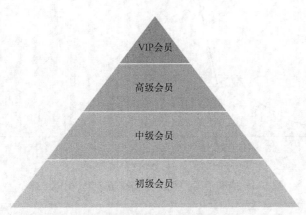

图 5-3　店铺客户等级的划分

## 5.1.2　客户行为数据价值

客户的行为数据是指对客户的访问行为大数据进行量化处理。客户行为价值所涉及的方面较多，为了能够深入挖掘客户行为数据价值，商家需要从访客数量、访问时段以及成交转化率等方面来进行分析。

【实例1】

某商家为了分析店铺访客量的变化，对店铺的访客数量、访问时段以及成交转化率进行了统计，如图5-4所示。

根据统计数据可以看出，访客数量与成交转化率的变化趋势大体一致，店铺的成交转化主要集中在9：00—22：00，访客数量和成交转化率在17：00左右达到了峰值。根据客户的作息规律推测，大概可知：该时间段主要是上班时间和下班休息时间段。

而店铺的成交转化率较低的时间段则主要集中在1：00—8：00和23：00—24：00，该时间段多为睡眠休息时间段，故访客量较少。

所以，从客户行为数据可以分析出其背后隐藏的规律，在不同的时间段，访客数量和成交转化率不同。商家需要根据店铺访客的访问规律来运营，在访问量较大的时候，需要安排好各个岗位的工作，包括客服接待、售后服务以及物流等重要岗位。

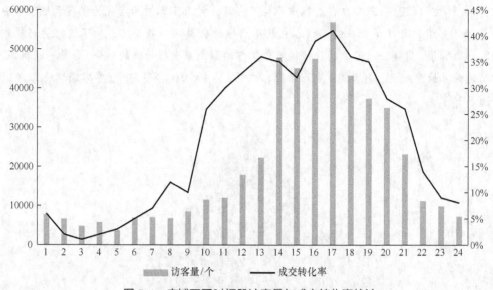

图 5-4 店铺不同时间段访客量与成交转化率统计

一般而言,店铺的访客量越大,其成交转化的概率也会随之增加,访客量和成交转化率的变化趋势是一致的。若出现异常情况,例如,访客量较大,但是店铺的成交转化率却异常低,那么,商家需要从多方面来进行分析和优化,确保店铺的成交转化率处于正常状态。

### 5.1.3 客户标签价值

客户标签是指客户在消费过程中所形成的具有特定性的区别标志。在电商领域,商家也可以对客户进行归类划分,形成特定的标签,一方面既能够方便商家对于客户进行管理;另一方面也能够针对不同的客户展开相应的营销策略,有的放矢,营销效果事半功倍。由此可见,客户标签对店铺运营相当重要。

某店铺对客户按照客单价、购买频次、好评度以及流失率等维度进行了标签划分,如表 5-1 所示,这是为了方便快速接待客户,尤其是对店铺的老客户的维护。

表 5-1 客户标签分类

| 客户分类 | 客单价/元 | 购买频次 | 好评度 | 流失率 |
| --- | --- | --- | --- | --- |
| A | 300 及 300 以上 | 6 次/月以上 | 95% 以上 | 5% 以下 |
| B | 200～299 | 4～6 次/月 | 90% | 10% |

续表

| 客户分类 | 客单价/元 | 购买频次 | 好评度 | 流失率 |
|---|---|---|---|---|
| C | 100～199 | 2～3次/月 | 80% | 20% |
| D | 50～99 | 1～2次/月 | 70% | 30% |
| E | 50以下 | 1次/月以下 | 60% | 50% |

所以，综上所述，根据不同的消费情况的客户指定相应的标签，商家很容易区分出店铺的重点客户。同时，也能够清楚地掌握低质客户，甚至是辨别同行。一个网店一天可能会接待上千位客户，若单凭客服人员的记忆，可能会混淆或者遗漏重要客户的信息。所以，客户标签管理是为了能够实现客户的精准化管理。

## 5.2 客户生命周期分析

任何一个客户都是有生命周期的，不同的客户具有不同的价值。客户生命周期价值（Customer Lifetime Value，CLV）是指一个客户从与店铺建立成交转化联系到完全终止成交转化联系的全过程。从潜在客户的挖掘到最终的客户流失，形成了客户完整的生命周期流程，如图5-5所示。

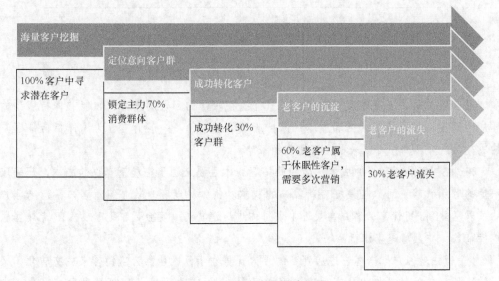

图5-5　客户生命周期流程图

客户生命周期是有限的,并且是一个单向的流程,并没有形成闭环。所以,当店铺的客户在流失的过程中,商家需要在维护老客户的同时,不断地开发新客户,不断为店铺输送流量,进行第二轮客户开发和挖掘。

### 5.2.1 客户最近消费时间分析

客户最近消费时间是指客户最近一次的到店消费时间,从该数据指标能够判断出客户的存留率,若该数据指标的间隔过长,说明店铺的客户流失率较高。

【实例2】

某主营家电的商家统计的客户最近消费时间如图5-6所示,从统计表中可以看出:客户最近消费时间集中分布于21～30天,占31%;其次是31～40天和41～50天,共占29%,数据直观地说明了店铺约有73%的回头客在50天内在店铺产生消费行为。

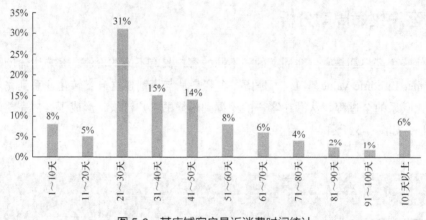

图5-6 某店铺客户最近消费时间统计

从店铺的客户消费情况来分析,只有保持在较短的回购周期内,才能够保持店铺的客户活跃度,降低店铺的拓客成本,保持店铺的客单价。一般而言,为了保持店铺客户的成交活跃度,商家可以采取一定的营销策略。

➤ 控制拓展新客户的成本:店铺的拓客成本主要来源于拓展新客户的成本,而采取一定的营销策略则可以控制拓展新客户的成本。例如,老客户转介绍新客户,新老客户均可以享受8.8折优惠;客户在最近1个月内进店消费满一定金额,则享受VIP专属客服接待服务,并且赠送店铺新品等。

➤ 留住老客户:老客户进店消费的最大优势在于,既能够为店铺带来成交转化,又能够降低店铺的拉新成本,实现店铺的利润最大化。店铺要最大限度地留住老客户,尤其是客单价较高的老客户。店铺内部制定完善的老客户服务制度,并且安排固定的客服进行接待,做好老客户的维护也是实现成交转化率快速提升的重要手段。

➤ 打造粉丝效应:粉丝就是店铺忠实客户的统称,粉丝所产生的经济效益叫作"粉丝经济"。若一个店铺能够培养一批忠实的粉丝,即使店铺不过多宣传,店铺粉丝也会主动关注。尤其是新品上市的时候,粉丝的静默转化率非常高,会极大地减轻客服的压力。

综上所述,客户的最近消费时间和店铺的客户关系的划分和维护紧密相关,若店铺做好客户的分类,制定出完善的客户服务制度,让客户感受到店铺为其量身打造的服务体系,也会增加客户对店铺的好感度。

### 5.2.2 客户购买间隔时长分析

客户购买间隔时长是指距离客户上一次在店铺消费的时间长度,这个数据是用来衡量店铺客户活跃度的关键指标,客户购买间隔时长越短,说明客户对店铺的忠诚度越高,属于活跃客户;反之,则说明客户对店铺的忠诚度降低,属于休眠客户,甚至是已经流失的客户。

【实例3】

某主营女装的商家在对店铺客户购买间隔时长进行分析后,为了保持客户的回头率,商家针对不同阶段的客户制定了相应的营销策略,如图5-7所示。

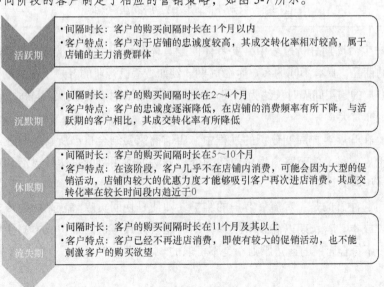

图5-7 4个阶段内客户的基本特征

根据客户在不同时间内段的消费特征来看,客户购买间隔时长也是符合客户的生命周期的原理的，为了降低店铺拓展新客户的成本，商家需要针对4个阶段的客户进行营销，如图5-8所示。

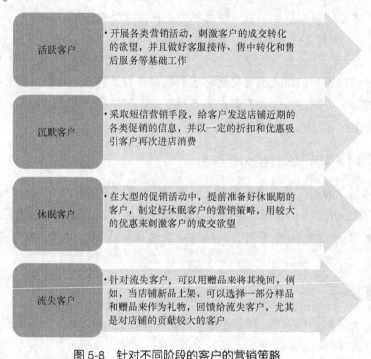

图 5-8  针对不同阶段的客户的营销策略

在客户生命周期分析过程中，要具体问题具体分析。由于行业细分程度高，不同行业和领域的商品，具有不同的客户生命周期。例如，手机行业的客户生命周期明显较长，活跃期的客户的购买间隔时长约为1年，而服装类的活跃用户的购买间隔时长则为1月，二者的差距非常大。

所以，在开展客户周期分析的过程中，店铺商家要结合自己所在的行业来分析，不能一概而论。但是，关于客户生命周期的分析方法的适用范围是比较灵活和广泛的，其应用理论是相通的。

值得引起注意的是：对流失客户的维护，即使是挽回贡献率较高的客户，也要衡量店铺的维护成本。若长期以高成本投入，则可能会导致客户的维护成本高于贡献利润，入不敷出，不符合店铺的运营原则，是不可取的。

## 5.3 基于 RFM 的客户价值分析模型

在客户价值分析过程中，如何判断一名客户的价值？如何判断一名客户的贡献率？

如何划分客户的等级？这些问题都是困扰店铺商家的关键性问题，而 RFM 客户价值分析模型则可以完美地解决这些问题，下面来学习一下如何基于 RFM 进行客户价值分析。

## 5.3.1 RFM 模型介绍

RFM 模型是指基于客户的活跃程度、成交次数和成交金额的分析工具，对客户价值进行划分，充分挖掘客户的价值。

**1. RFM 模型概述**

RFM 模型的应用范围非常广泛，这种分析工具也是商家必须掌握的。RFM 模型中 3 个字母的具体含义如下所示。

➢ R（Recency）：客户最近一次成交时间的间隔。R 值越大，表示客户成交日期越久远，反之则表示客户成交日期越近。

➢ F（Frequency）：客户最近一段时间的交易频率。F 值越大，表示客户交易越频繁；反之，则表示客户交易不够活跃。

➢ M（Monetary）：客户最近成交的金额。M 值越大，表示客户价值越高；反之，则表示客户价值越低。

**2. RFM 模型计算分值**

在熟练运用 RFM 模型分析工具之前，还需要掌握 RFM 模型的计算公式，熟悉 RFM 的各项计算分值，具体如下所示。

➢ R：基于最近一次交易日期计算的得分，距离该日期越近，得分越高；反之，得分越低；满分 5 分，最低 1 分。

➢ F：基于交易频率计算的得分，交易频率越高，得分越高；反之，得分越低；满分 5 分，最低 1 分。

➢ M：基于交易金额计算的得分，交易金额越高，得分越高；反之，得分越低；满分 5 分，最低 1 分。

**3. RFM 模型计算分值的权重**

RFM 模型的权重赋予是按照一定的分配比例来执行的，一般而言，目前大多数都采取 R:F:M = 100:10:1 的权重。

**4. RFM 模型计算公式**

RFM 模型计算公式是基于活跃程度、成交次数和成交金额 3 个维度总结出的计算公式，各项分指标的权重乘以相应的得分，归总得到 RFM 分值，即衡量客户价值的数据，具体如下所示。

RFM 总分值：RFM=R×100+F×10+M×1

具体怎样使用该公式来计算客户价值得分，并根据得分进行多维度的分析，将在 5.4 的案例中进行讲解。

### 5.3.2 RFM 模型分析方法

RFM 模型可以对海量的客户进行细分，建立起一套科学的数据分析模型，对客户进行有效的管理，极大地提升客户管理效率，那么，店铺商家该如何充分借助 RFM 模型来进行客户细分呢？下面将重点讲解 RFM 模型的细分方法。

在进行 RFM 模型前，需采集客户的 3 个重要数据：订单付款时间、购买次数以及实际支付金额。以上 3 个数据一般都能从电商平台后台获得，如图 5-9 所示，可在淘宝平台的"卖家中心"下载。

图 5-9 在淘宝"卖家中心"中下载相关数据

由于下载下来的表格数据较多，可在 Excel 的表格中只留下"买家会员名""买家应付金额""订单付款时间"，如图 5-10 所示。

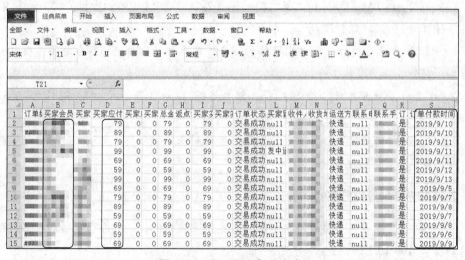

图 5-10 留下圈中部分内容

把留下的 3 项数据整理在同一个表格中，插入一个数据透视表：把"买家会员名"拖入"行标签"，把"买家应付金额"拖入"数值"，并将其汇总方式设置为求和；再把"买家会员名"拖入"数值",并将其汇总方式设置为计数；接着把"订单付款时间"也拖入"数值"并将汇总方式设置为最大值，如图 5-11 所示。如此一来，可从表格中得知近期购买商品次数最多的会员名和付款金额最大的会员名。

图 5-11 透视表数据

数据中，R 代表客户最近付款的时间，R 值越大，则表示客户没有发生交易的时间越久。如案例中订单付款时间为 2019 年 9 月 13 日，假设现在为 2020 年 4 月，那该客户已经超过半年没有在店内购买商品，该客户有流失风险。

F 代表客户消费次数，F 值越大，则说明该客户在店内交易次数越频繁。如案例中 F 值最大为 6，说明该客户在这段时间内共在店内交易过 6 次。

M 代表客户消费金额，M 值可以灵活统计，可以统计总成交金额，也可以统计平均金额。如案例中应付金额值最高的达到 424 元，其平均金额 =424÷6=70.67 元。

如果想更直观地分析 RFM，还可以对每项因素给予具体的权重计分。分析客户具体得分如表 5-2 所示，当 R≤10 时，给予该客户 5 分权重；10＜R≤45 时，给予 4 分权重；当 45＜R≤90 时，给予 3 分权重，以此类推，计算出客户的权重分。

表 5-2 RFM 每项因素的权重计分

| 距离上次购物天数 / 天 | 消费次数 / 次 | 实际支付金额 / 元 | 权重分 |
| --- | --- | --- | --- |
| R≤10 | F≥12 | M≥400 | 5 |
| 10＜R≤45 | 12＞F≥9 | 400＞M≥300 | 4 |
| 45＜R≤90 | 9＞F≥6 | 300＞M≥200 | 3 |
| 90＜R≤120 | 6＞F≥3 | 200＞M≥100 | 2 |
| 90＜R | 2＞F | 100＞M | 1 |

> **提示**
>
> 距离上次购物天数可用比较传统的方式来计算,如某客户在 2019 年 9 月 10 日购物,上次购物时间是 2019 年 9 月 1 日,则距离上次购物天数为 9。如果数据较多,也可通过 Excel 来计算该数据。

在计算出每项因素得分后,相加得到一个 RFM 总分。在今后的客户管理中,给予得分较高的重要客户特殊服务,如 VIP 会员、专属客服、折扣优惠等。对于得分较低的客户,应具体分析是哪方面存在问题,并积极解决。

### 5.3.3 RFM 模型客户细分方法

在计算出客户的 RFM 模型得分后,可以对客户进行分类,如重要发展客户、重要价值客户、重要挽留客户等。

RFM 三维模型根据客户的活跃程度、成交次数和成交金额将其细分为 8 类客户,如图 5-12 所示,将比较抽象的数据分析进行直观的呈现。(注:"↑"表示大于均值,"↓"表示小于均值)

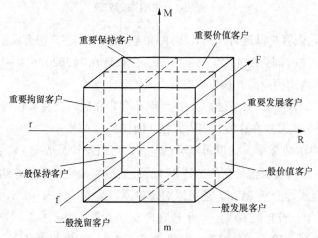

图 5-12 不同阶段的客户的营销策略

RFM 模型的表格分析如表 5-3 所示。相较于 RFM 模型的三维模型,表格数据分析更简单,能够精准地对客户价值进行提炼。RFM 模型的表格分析是对 RFM 三维模型的补充和完善,二者相辅相成。

表 5-3 客户价值细分

| R 分类 | F 分类 | M 分类 | 客户价值 |
| --- | --- | --- | --- |
| 高 | 高 | 高 | 高价值客户 |

续表

| R 分类 | F 分类 | M 分类 | 客户价值 |
|---|---|---|---|
| 低 | 高 | 高 | 重点保持客户 |
| 高 | 低 | 高 | 重点发展客户 |
| 低 | 低 | 高 | 重点挽留客户 |
| 高 | 高 | 低 | 一般价值客户 |
| 低 | 高 | 低 | 一般保持客户 |
| 高 | 低 | 低 | 一般发展客户 |
| 低 | 低 | 低 | 潜在客户 |

所以，综上所述，RFM 模型最大优势在于识别对店铺贡献较高的客户，衡量客户的潜在价值和利润创收空间。对于运营能力较强的店铺商家，则可以借助 RFM 三维模型和表格分析；而对于新手商家，仅借助数据表格就可以满足数据分析的需求。

## 5.4 利用 RFM 模型分析电商客户价值

RFM 模型在电商客户价值分析领域中应用得比较广泛，能够指导商家对客户进行价值的划分，按照不同价值层级的客户制定出系列的营销方案，进行长期的数据化跟踪分析，最终达到挖掘、提炼与开发客户价值的目的，为店铺运营提供更科学的决策。下面将具体讲解如何利用 RFM 模型分析电商客户价值。

### 5.4.1 分析思路

RFM 模型分析的第一个步骤就是分析思路，在操作之前一定要理清思路。图 5-13 所示是店铺的 RFM 模型分析流程。

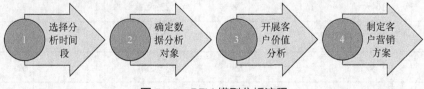

图 5-13　RFM 模型分析流程

首先，需要确定分析时间段。店铺运营是长期性的，要不断在运营过程中优化与完善。所以，RFM 模型分析需要选择一个固定的时间段作为此次的分析时间段。例如，分析店铺最近 30 天成交转化率的变化情况。

其次，RFM 模型分析是以客户为对象的数据分析，而店铺中可能会接待海量的客户，如何选择此次的目标客户呢？通常而言，目标客户群体需要包括老客户、新客户以及休眠客户，进行综合而全面的数据化分析。

接着，店铺商家借助 RFM 模型分析各个层级客户的价值，按照客户价值进行分类处理，总结出此次数据分析的结果。

最后，RFM 模型分析的终极目的就是为店铺的营销服务，针对不同价值层级的客户来制定相应的营销方案，以促进店铺的成交转化率。

RFM 模型分析对整个数据分析工作而言至关重要，能帮助数据分析人员理清思路。只有在思路清晰的情况下，数据分析人员才能更好地完成数据分析工作，得到一个比较精准的数据分析结果。

### 5.4.2 数据预处理

数据预处理是指在海量的数据中选择本次数据分析的源数据，并且对源数据进行相关的处理，使其能够更加直观地反应出客户价值。

【实例 4】

某主营家居用品的商家对店铺客户的数据进行了提炼和处理，表 5-4 所示的是该店铺在最近 14 天内的成交数据情况。

表 5-4 最近 14 天内客户的成交数据

| 客户名称 | 第一周 | | | 第二周 | | |
| --- | --- | --- | --- | --- | --- | --- |
| | 最近成交时间 | 最近成交次数/次 | 最近成交金额/元 | 最近成交时间 | 最近成交次数/次 | 最近成交金额/元 |
| 01 | 2 天前 | 3 | 263 | 9 天前 | 2 | 143 |
| 02 | 16 天前 | 1 | 78 | 23 天前 | 1 | 72 |
| 03 | 134 天前 | 1 | 45 | 141 天前 | 0 | 0 |
| 04 | 1 天前 | 3 | 890 | 8 天前 | 1 | 61 |
| 05 | 3 天前 | 1 | 52 | 11 天前 | 1 | 38 |

续表

| 客户名称 | 第一周 | | | 第二周 | | |
|---|---|---|---|---|---|---|
| | 最近成交时间 | 最近成交次数/次 | 最近成交金额/元 | 最近成交时间 | 最近成交次数/次 | 最近成交金额/元 |
| 06 | 9天前 | 2 | 56 | 16天前 | 2 | 199 |
| 07 | 235天前 | 1 | 23 | 242天前 | 0 | 0 |
| 08 | 8天前 | 2 | 201 | 15天前 | 1 | 43 |
| 09 | 13天前 | 3 | 761 | 20天前 | 2 | 1 161 |
| 10 | 6天前 | 4 | 1 940 | 13天前 | 5 | 1 969 |

为了方便进一步进行数据分析，该商家对选定的目标客户群体进行了数据的预处理，按照客户的成交情况来分析，如表5-5所示。

表5-5 最近14天内客户的成交累计数据

| 客户名称 | 最近成交时间 | 最近成交次数/次 | 最近成交金额/元 |
|---|---|---|---|
| 01 | 9天前 | 5 | 406 |
| 02 | 23天前 | 2 | 150 |
| 03 | 141天前 | 1 | 45 |
| 04 | 8天前 | 4 | 951 |
| 05 | 11天前 | 2 | 90 |
| 06 | 16天前 | 4 | 255 |
| 07 | 242天前 | 1 | 23 |
| 08 | 15天前 | 3 | 244 |
| 09 | 20天前 | 5 | 1 922 |
| 10 | 13天前 | 9 | 3 909 |

数据预处理是为了从冗杂的数据中提取关键的数据信息,数据通过整理后,能够更加直观地反应出客户对店铺产生的价值,为接下来的建模分析提供数据支撑。

### 5.4.3 数据多维度分析

通过对数据进行多维度的分析,能够更加全面地了解到客户对于店铺的具体价值,帮助店铺商家精准地掌握客户产生的价值,进而对客户等级进行精准的划分。

【实例5】

某商家采用了数据透视图来呈现店铺的最近成交金额,如图5-14所示。从客户的最近消费时间来分析,店铺的大客户主要是消费间隔时间比较靠前的,这部分客户中包含了一部分活跃客户,尤其是客单价比较高的客户,这部分客户属于重点客户源,需要客服人员进行后期的跟进和维护。

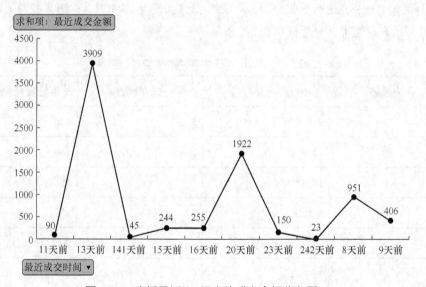

图 5-14 店铺最近 14 天内的成交金额分布图

该店铺的最近成交次数分布如图5-15所示,从客户的累计成交次数来分析,购买间隔时长越短的客户,其成交次数越多。这说明店铺内吸引了较多的新客户,且新客户的活跃度非常高,成交转化率较大,直接为店铺创造了利润。因此,对老客户需要加大维护力度,尤其是贡献率较高的老客户;针对新客户,客服也需要跟进,尤其是有潜力培养成为忠实客户的新客户。

针对店铺最近14天内的成交金额、成交次数以及最近成交时间,逐步对客户的价值进行划分,最高为5分,最低为1分。对应的分值越高,说明客户的价值就越高,如表5-6

所示。

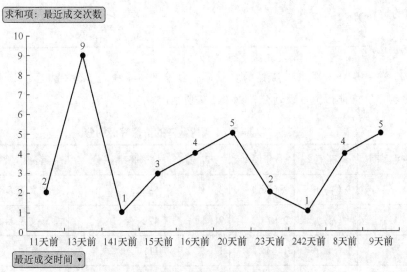

图 5-15　店铺最近 14 天内的成交次数分布图

表 5-6　店铺客户价值的划分标准

| 最近成交时间/天 | 对应 R 值 | 最近成交次数/次 | 对应 F 值 | 最近成交金额/元 | 对应 M 值 |
| --- | --- | --- | --- | --- | --- |
| 1～15 | 5 | 8～10 | 5 | 1000～4000 | 5 |
| 16～30 | 4 | 6～7 | 4 | 600～999 | 4 |
| 31～60 | 3 | 4～5 | 3 | 200～599 | 3 |
| 61～90 | 2 | 2～3 | 2 | 100～199 | 2 |
| 91 以及以上 | 1 | 1 | 1 | 1～99 | 1 |

数据建模是 RFM 模型分析过程中最关键的步骤，帮助店铺商家掌握各个消费层级客户对店铺的实际贡献，并且对新客户、老客户以及休眠客户进行区分。重点维护贡献值较大的客户；对潜力低、开发成本高、成交转化率低的客户，则可以暂缓维护或者放弃维护，以提升客户开发和维护的效率。

### 5.4.4　数据结果呈现

根据表 5-3 中对客户价值划分的等级来看，通常情况下，各项数值的重要度主要是按照最近成交金额、最近成交次数和最近成交时间来划分的，这样能够更清楚了解客户对店铺的贡献率。

【实例6】

为了进一步分析客户对店铺的贡献率，结合表5-4和表5-5的内容，该商家对最近14天的客户价值进行了等级划分，如表5-7所示。

表5-7 最近14天内客户的价值等级划分

| 客户名称 | R值 | F值 | M值 | RFM总分 | 客户价值等级划分 |
| --- | --- | --- | --- | --- | --- |
| 01 | 5（高） | 3（低） | 3（低） | 533 | 一般发展客户 |
| 02 | 4（高） | 2（低） | 2（低） | 422 | 重点发展客户 |
| 03 | 1（低） | 1（低） | 1（低） | 111 | 潜在客户 |
| 04 | 5（高） | 3（低） | 4（高） | 534 | 重点发展客户 |
| 05 | 5（高） | 2（低） | 1（低） | 521 | 一般发展客户 |
| 06 | 4（高） | 3（低） | 3（低） | 433 | 一般发展客户 |
| 07 | 1（低） | 1（低） | 1（低） | 111 | 潜在客户 |
| 08 | 5（高） | 2（低） | 3（低） | 523 | 一般发展客户 |
| 09 | 4（高） | 3（低） | 5（高） | 435 | 重点发展客户 |
| 10 | 5（高） | 5（高） | 5（高） | 555 | 高价值客户 |

此外，该店铺商家对客户价值等级进行了深层次的统计与分析，如图5-16所示，发现：一般发展客户占比40%，重点发展客户与潜在客户各占30%和20%，而高价值客户的占比较低，只有10%。所以，店铺后期需要加大对高价值客户的开发力度，重点维护一般发展客户和重点发展客户，适当降低对潜在客户的维护。

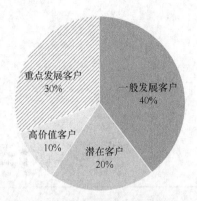

图 5-16　店铺客户价值区间统计

## 实践与练习

① 选择你比较熟悉的领域和行业,采用 RFM 模型对近一周的客户价值进行等级划分。

② 选择你比较熟悉的领域和行业,对其客户的生命周期进行分析,并针对不同的客户阶段来制定相应的营销策略。

# 第6章

# 竞争对手数据分析

正所谓"知己知彼，百战不殆"，商场如战场，电商行业就是一个战场。从事电商行业的公司千万家，要想在电商平台获得更多的流量和销量，就需要对竞争对手的数据进行全方位剖析、对比优缺点、发挥自己的优势，只有这样才能在竞争激烈的市场中占有一席之地。在店铺运营过程中，需要根据市场的发展趋势来调整运营策略，其中一个调整依据就是研究竞争对手，在充分了解竞争对手的情况后，才能够更有针对性地制定自己的运营方案。一方面，既能够避免与竞争对手打"价格战"；另一方面，根据竞争对手的策略，制定出一套适合自己店铺运营的策略，这样才能够在市场中突出重围，赢得更多的市场份额。

## 6.1 了解自己

要战胜对手，必须先了解自己。因此，在分析竞争对手之前，商家首先必须要充分了解自己。认识自己店铺和产品的定位、店铺的客单价、店铺的消费人群、产品的价格、店铺的装修风格和营销策略等。

一个店铺产品的定位是非常重要的，如男装，店铺是卖正装还是休闲服，是做高客单价还是低客单价，是做英伦风还是复古风。我们可以将其归纳为类目、价格、风格这3点。在确定了自己店铺的产品定位后，然后就可以去寻找与自己产品定位类似的竞争对手。

## 6.2 确定竞争对手

商家要研究竞争对手，首先，要确定自己的竞争对手是谁，不能盲目地选择竞争对手。例如，女装行业不能选择生鲜行业作为竞争对手，女装行业只能选择女装类目下的商家作为竞争对手。所以，选择正确的竞争对手是做好竞争对手数据分析的首要之举。

## 6.2.1 搜索竞争对手

锁定竞争对手之后,接着就得精确查找竞争对手。电子商务平台很多,常见的有淘宝、天猫、京东、拼多多、当当等,如果你的店铺是淘宝店铺,则应在淘宝平台上搜索与店铺商品最符合的关键词。

可以按照店铺客单价来搜索竞争对手,还可以根据店铺宝贝的属性来更精确地搜索。例如,根据店铺宝贝的平均销量锁定几家与自己店铺客单价和销量相近的卖家,将他们作为竞争对手。然后以销量为维度在淘宝搜索页面找出与店铺商品相关的卖家,找到店铺商品所在的排名,锁定商品前后排名最近且风格最接近的店铺,将这些店铺作为竞争对手。

## 6.2.2 精确定位竞争对手

在电商市场中,由于行业的细分程度越来越高,同类目下的商品种类很多,所以,竞争对手的范围也越来越广。但是,从行业所属类目的层面来分析,竞争对手是具有一定范围的,即使是同一行业,可能并不是竞争对手。例如,A商家主营婴儿辅食,B商家主营母婴服饰,从行业来看,A、B商家均属于母婴用品类目,但是A、B商家却并非竞争对手。

所以,商家在确定竞争对手范围的过程中,应当对竞争对手范围"做减法",以便于精准地掌握竞争对手的情况。

### 1. 店铺商品的所属类目

在一个电商平台中,有超过万种类目的商品,所以,店铺所属类目的细分程度高。即使是同一商品,也可能会设置在不同的类目中,而平台则会根据商品不同的类目进行推荐,最终会导致同款商品之间的流量差距非常大。

查看竞争对手的商品所属类目如图6-1所示。从竞争对手的商品类目分类来看,主要分布在低帮鞋、帆布鞋以及板鞋/休闲鞋类目。从商品的成交量可以大致推测出,不同类目分类的商品具有其固定的消费群体,会直接影响商品的流量和成交转化率,店铺商家一定要根据商品的特定属性来选择商品类目分类。

### 2. 主营商品的价格区间

价格是影响成交转化的关键因素,不同的店铺有自己的定位,价格也会存在较大的差异。所以,查看竞争对手的定价也是确定竞争对手的方法之一。

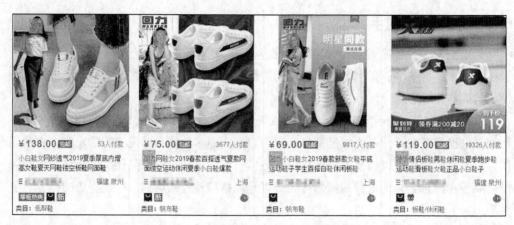

图 6-1　查看竞争对手的商品所属类目

【实例 1】

某主营卫浴用品的商家统计竞争对手的商品价格区间，如图 6-2 所示，商品价格区间主要分为 4 个梯队，第 1 梯队的商品价格区间为 0～290 元的商品数量最多，付款人数超过 47 万人；第 2 梯队的商品价格区间为 290～580 元，付款人数有 8 600 多人；第 3 梯队的商品价格区间为 580～870 元，付款人数有 1600 多人；第 4 梯队的商品价格区间为 870 元以上，付款人数有 1500 多人。

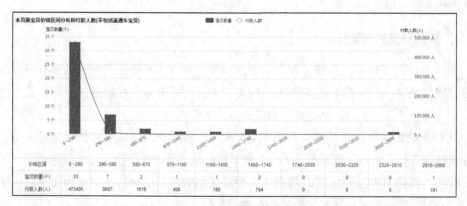

图 6-2　商品的价格区间

因此，店铺商家可以从主营商品的定价来确定竞争对手的范围。例如，店铺主营商品的定价是 0～290 元，那么，这个区间的商家则是其主要竞争对手。

从商品的价格区间可以看出，不同的店铺对于商品的定价不同，客户对于商品定价的接受程度也是不同的。因此，不同消费等级的客户群的划分也一目了然，包括低端客户、中端客户和高端客户。随着价格的逐渐变化，客户的接受程度也会随之发生变化，不同消费等级的客户群能接受的价位段是不一样的。所以，商家需要对客户进行细分，不能"一刀切"。

## 6.3　获取竞争对手数据

确定了竞争对手之后，商家需要对竞争对手的重要数据进行收集、整理与分析，以便更全面地掌握行业中主要竞争对手的一些情况。商家要做到心中有数，然后采取相应的策略，这样才可能在日益竞争激烈的市场上占有一席之地。

### 6.3.1　了解竞争对手的重要数据

大家都知道，竞争对手店铺的数据有很多，我们没有必要，也不可能将竞争对手店铺的所有数据进行收集、整理和分析，而只需将一些与我们商品相关的重要数据进行处理。这些数据通常包括商品特征、客单价、店铺流量、销售额、营销活动、转化率、详情页、买家评论，以及上架时间等。下面简要介绍几个重要的数据。

①商品特征：与同类产品相比，是否拥有其他商品不具有的特征来增加其差别化，或者为客户提供个性化服务。

②客单价：是高于还是低于市场平均客单价。

③店铺流量：店铺流量的来源渠道情况，站外流量和站内流量的比例，付费流量与免费流量的比例，流量的分布等。

④销售额：统计店铺的日、周、月、季和年度的销售额，单个竞争产品的销售额，以及营销活动的销售额等。

⑤营销活动：店铺参加了哪些营销活动、活动的促销方式、频次和优惠力度、优惠券的使用情况，以及营销活动的效果等。

⑥转化率：可以通过市场行情、竞品监控等来获取竞争对手的转化率。

⑦买家评论：通过直接进入竞争对手店铺了解买家评论，商家也可以使用百宝魔盒，以及其他工具来获取竞争对手的买家评论。了解买家评论，可以了解消费者对产品的需求，改进自己的产品，从而满足消费者的需求。

⑧上架时间：可以通过第三方工具获取竞争对手商品的上市时间，但是这类工具不稳定，很容易短期失效。

⑨详情页：可以与竞争对手的详情页进行对比，关注竞争对手近期是否有详情页活动海报，看其对商品的展示拍摄是否恰到好处，对买家痛点的描述是否简单明了。还可以通过对比找到竞争对手详情页中值得学习的地方，从而借鉴并运用的自己的详情页中。

## 6.3.2 获取竞争对手数据的渠道和工具

运数据属于店铺内部的商业机密，不会轻易对外泄露，那么，要想获得竞争对手的数据，还得掌握一定的渠道和工具。下面将介绍两种比较常见的数据采集渠道。

### 1. 官方数据平台采集

通过前面的学习，已经了解了各大数据研究平台。例如，供广大淘宝商家研究行业动态的阿里数据平台；京东平台的专业数据开放研究平台——京东万象。

京东万象排行榜如图 6-3 所示，从榜单中可以查看全网品牌水杯的详细数据，包括商品名称、商品定价、累计销售数据以及商家评价等信息。通过完整的销售榜单，能够帮助店铺商家快速掌握当前商品的全网竞争情况，以便及时进行价格调整、营销方案的调整。

图 6-3 京东万象排行榜

### 2. 搜索引擎的大数据

用户习惯借助搜索引擎中搜索问题，寻求答案。所以，搜索引擎大数据也能够收集到竞争对手的相关数据。百度搜索风云榜是基于数亿网页的搜索行为作为大数据基础，建立了权威的关键词排行榜和用户群体细分榜单。所以，店铺商家可以借助百度搜索风云榜查看当前的热门关键词。

图 6-4 和图 6-5 所示分别是百度搜索风云榜性别风向标和百度搜索风云榜年龄风向标。从性别风向标来看，在热搜榜单中，按照性别来细分，收录了近期的热门关键词，而不

同的细分榜单中关键词的排名不同。例如，关键词"淘宝"在总榜单排名第2，在男性关注榜单中排名第2，而在女性关注榜中排名第5。

图 6-4　百度搜索风云榜性别风向标

从年龄风向标来看，主要分为10～19岁、20～29岁和30～39岁3个年龄段，在不同的年龄段中，所对应的热门关键词不同。例如，关键词"荣耀20i"在10～19岁年龄段中的排名第1，在20～29岁年龄段中的排名第36；在30～39岁年龄段中的排名第17，也直接说明了不同年龄段的爱好、兴趣和关注点是不同的。

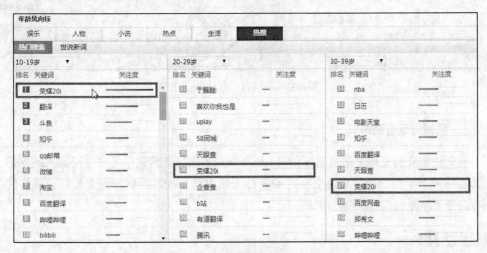

图 6-5　百度搜索风云榜年龄风向标

店铺商家通过搜索引擎可以掌握实时的热门搜索情况，尤其是对热点事件的把握。在后期开展事件营销的阶段，能够快速把握热点事件，可以成功地为店铺引流。例如，某电视剧热播成为现象级的热门事件,那么,店铺商家可以销售相关的周边物品,其中一部分流量会源于用户的主动搜索,进而降低引流成本。

### 6.3.3 收集竞争对手资料

商家需要精准地收集到竞争对手的相关资料,如店铺名称、开店时间、店铺类型、店铺 DSR 评分、店铺主营商品类型、商品价格区间以及爆款商品等基础信息,以便后期进行深入的研究。

#### 1. 基础信息资料

店铺商家可以直接访问竞争对手的网店,获取一些比较基础的信息。例如从店铺首页可以获取店铺名称、DSR 评分、店铺掌柜、开店时间、店铺主营商品以及店铺活动等信息,如图 6-6 所示。

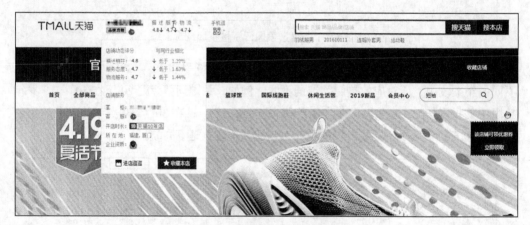

图 6-6 店铺首页呈现的信息

#### 2. 营销与运营资料

店铺商家要想获取更多的重要信息,还可以借助第三方营销工具来进行深入的挖掘,尤其是竞争对手在营销层面的资料,如商品所属类目、流量数据、成交数据、价格区间分布以及上下架时间等。

【实例2】

某主营男鞋的商家为了研究竞争对手的商品下架时间,用第三方工具直接获取到竞争对手的数据,如图 6-7 所示。

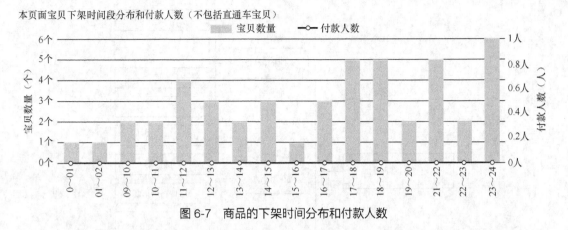

图 6-7　商品的下架时间分布和付款人数

从统计的搜索页面商品的下架时间分布相关数据来分析，商品的下架时间主要集中于 11：00—12：00、17：00—19：00、21：00—22：00 以及 23：00—24：00，其他时间段的下架商品数据均较少。

根据平台的运营规则，商品在下架的时间段会获得较大的流量。该商家在掌握了竞争对手的商品下架时间的基础之上，对自己店铺的商品的下架时间进行调整，尽量将商品的下架时间段设置为同行的上架期间，避开和同行的下架时间"正面冲突"，以获得更多的平台推荐流量。

最后，商品的下架时间还需要考虑客户的访问时间段。当店铺访客量较大的时候，商家不能频繁地上下架商品，以免影响客户的正常访问，甚至影响成交转化率。

### 6.3.4　整理竞争对手数据

整理竞争对手的数据是店铺商家的日常工作之一，首先分析店铺的运营数据，再分析竞争对手的数据，综合二者的分析数据，逐步调整和优化店铺的运营策略，方能在激烈的竞争中获胜。一般而言，整理竞争对手数据主要是按照时间段、营销活动以及方案优化效果 3 个维度来划分的，如图 6-8 所示。

店铺商家整理竞争对手的数据是为了获得竞争对手的运营策略，尤其是关于店铺定位、营销活动的策划以及店铺未来的发展战略。在竞争激烈的电商市场中，整理竞争对手数据对店铺的运营有着至关重要的影响。首先，通过对比自己的店铺与同行的店铺，发现自己存在的问题与差距，主动去弥补与同行之间的差距；其次，通过营销数据来实现店铺的升级与转化，进而保证店铺的健康运营。

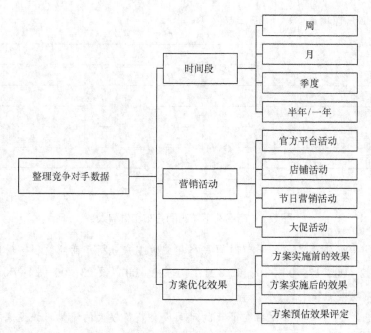

图6-8 整理竞争对手数据的思路与方案

## 6.4 实战操作：竞争对手的数据分析

在店铺运营过程中，需要结合具体的实操来综合分析，精准把握竞争对手的情况，不断优化和调整自己店铺的运营，才能够达到"分析以致用"的目的。在本节中将以实操的形式来展示对竞争对手店铺的分析。

### 6.4.1 竞争对手产品策略分析

竞争对手的产品策略主要是指上新品、营销活动以及价格定位等综合策略，研究透彻竞争对手的产品策略，能够帮助店铺商家快速找准自己的定位，并且立足于此展开营销。

【实例3】

某主营女装店铺通过后台数据研究竞争对手的情况，如图6-9所示。在数据分析平台中可以大致掌握竞争对手的月销量、月销售额、宝贝数以及销量排名靠前的商品。

对店铺商家而言，这些关键的数据信息都十分重要。例如，店铺商家可以参考竞争对手的爆款商品的定价，来修改自己店铺的商品定价；并且根据标题关键词来优化商品的标题；同时，也可以参考竞争对手的商品详情页的排版，来优化自己的商品详情页，并设置成固定的模板,方便后期进行修改和优化。

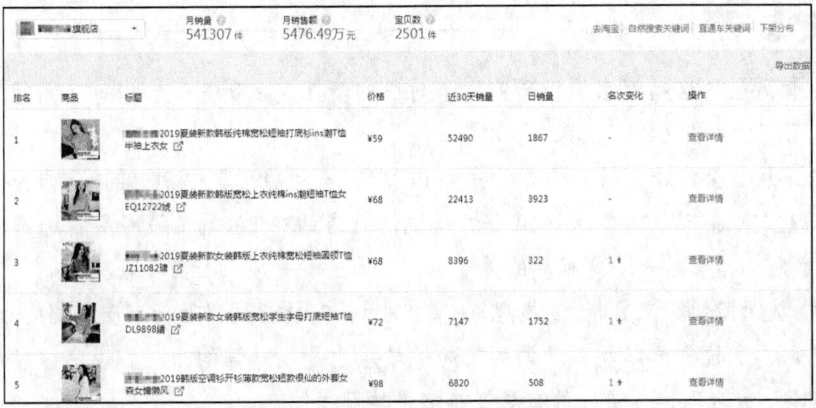

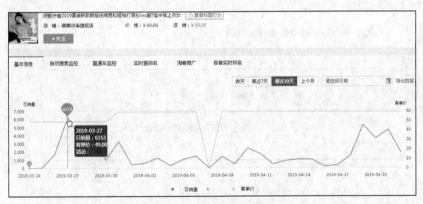

图 6-9　竞争对手的产品数据

在竞争对手已上架的商品中,对销售额较高的商品,可以进行深入的了解。某款商品的基本信息如图 6-10 所示,在最近 30 天,该店铺的成交量在 3 月 27 日达到峰值,高达 6153 件,而客单价为 49 元。结合该商品当前的价格 59 元来看,说明该店铺在 3 月 27 日可能开展过降价促销活动,通过降价来获得较高的成交转化率。

图 6-10　单品的基本信息

所以,店铺商家通过分析竞争对手的产品策略,能够快速掌握竞争对手当前的营销情况,及时调整和优化自己的运营策略,以达到追赶和超越竞争对手的目的。

### 6.4.2　竞争对手渠道策略分析

渠道策略主要是指竞争对手针对其店铺的引流渠道而制定的相关营销策略,主要包括关键词引流和商品引流。掌握竞争对手的渠道策略,能够较为全面地了解竞争对手的引流渠道，学习竞争对手的引流方法，从而确定最适合自己店铺的引流渠道及引流方法。

【实例4】

某主营男鞋的店铺商家为了研究竞争对手的情况，在研究平台中针对同行的数据进行了深入研究，如图6-11所示。

首先，从流量终端来看，主要是分为PC端和移动端，其中PC端的淘宝搜索数据为858个，淘宝直通车的数据为1460个。这说明该店铺在PC端的流量数据非常大，商家应该对PC端的运营给予一定程度的关注。

其次，从"引流词"来分析，高展现词、高点击词、高转化词以及商家必争词的布局较多；再是联想词、下拉框词以及飙升词的布局；最后才是长尾词的布局。说明该店铺的关键词布局策略比较合理，逐层级的布局策略值得学习和借鉴。

最后，通过"按引流宝贝"可以查看店铺中引流能力最强的商品，如图6-12所示。从关键词个数、曝光指数、日销量以及日销售额等维度来权衡各个商品为店铺引进的流量情况，重点打造曝光量大、成交转化率高的商品。

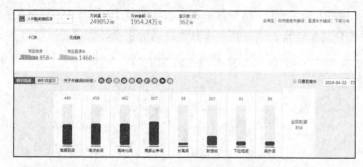

图6-11 竞争对手的引流策略分析

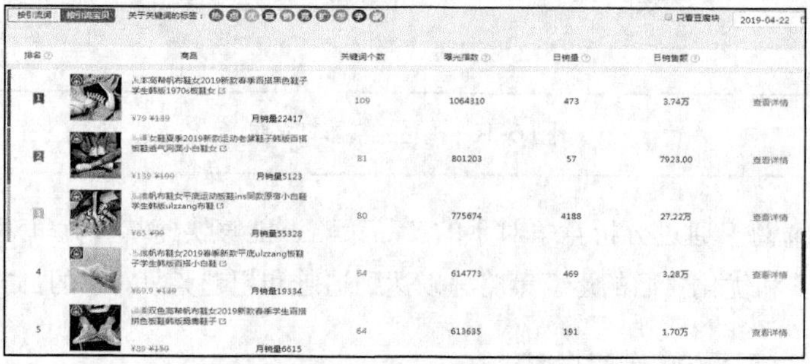

图6-12 竞争对手引流商品排名

由此可见，竞争对手的渠道策略主要侧重于店铺的引流分析，熟悉竞争对手店铺流量的来源，掌握引流的渠道和方法，可以拓展自己店铺的流量来源，进而引进更多的新客户。

### 6.4.3 竞争对手价格策略分析

众所周知，价格是影响成交转化率的关键因素。合理的价格能够让商品在同类商品中更有竞争力，更容易产生成交转化。而掌握竞争对手的价格策略，又能够帮助店铺商家快速调整商品价格，避开"价格战"。

【实例5】

某主营女鞋的店铺商家研究竞争对手的价格，后台数据显示，从整体上分析，该商品的价格比较稳定，波动幅度较小。在4月3日，该商品的销量达到了峰值，其销量为1815双，客单价为75元，如图6-13所示。

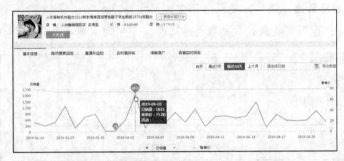

图 6-13 竞争对手的商品价格变化趋势图

为了进一步研究竞争对手的实际运营情况，通过交易数据表发现：该商品的价格调整过，在4月16日，其价格调整为75元，但是又在当天将价格迅速调回，如图6-14所示。由此可见，竞争对手的价格一直以稳定为主，除非在参加促销活动期间会调整价格，一般情况下，不会调整价格。

| 日期 | 交易数据 | | | 事件跟踪 | | | 自然搜索词 | | |
|---|---|---|---|---|---|---|---|---|---|
| | 日销量 | 日销售额 | 客单价 | 上下架 | 改名 | 改价 | pc端搜索 | 豆腐块 | 无线端搜索 |
| 2019-04-22 | 473 | ¥3.74万 | ¥79.00 | - | - | - | 109 | 7 | 12 |
| 2019-04-21 | 1004 | ¥7.93万 | ¥79.00 | - | - | - | 116 | 7 | 12 |
| 2019-04-20 | 551 | ¥4.35万 | ¥79.00 | - | - | - | 119 | 7 | 13 |
| 2019-04-19 | 522 | ¥4.12万 | ¥79.00 | - | - | - | 122 | 7 | 17 |
| 2019-04-18 | 548 | ¥4.33万 | ¥79.00 | - | - | - | 124 | 7 | 18 |
| 2019-04-17 | 835 | ¥6.60万 | ¥79.00 | - | - | - | 123 | 7 | 21 |
| 2019-04-16 | 194 | ¥1.53万 | ¥79.00 | - | - | ¥75.00→¥79.00 | 142 | 7 | 26 |
| 2019-04-15 | 1452 | ¥11.47万 | ¥79.00 | - | - | - | 148 | 7 | 32 |
| 2019-04-14 | 752 | ¥5.94万 | ¥79.00 | - | - | - | 147 | 8 | 40 |

图 6-14 竞争对手的商品价格调整表

由于价格是一个比较敏感的因素，尤其是对店铺的老客户而言。这部分客户群体比较特殊，作为老客户，他们自然希望能够在店铺获得最高的优惠，但是他们又不想其他的客户能够享受和自己同等的优惠政策。所以，商家在调整价格的时候，一定要遵循"快、狠、准"的原则，尤其是参加促销活动期间，一旦活动结束，立马恢复原价。

### 6.4.4 竞争对手营销策略分析

竞争对手的营销策略主要是指竞争对手的营销活动的总体方案，包括商品上下架时间、搜索关键词以及直通车营销等方面。其中竞争对手的商品上下架时间也是营销策略中的一个重要环节，影响着商品的自然流量，值得店铺商家重点关注。

【实例6】

某主营彩妆类的店铺商家重点研究了竞争对手的商品下架时间，如图6-15所示。从图6-15中可以看出最近一周内，商品的下架时间主要集中在4月18日（周四），其下架数量高达488件；而下架数量最少的仅为171件，下架时间是4月22日（周一）。

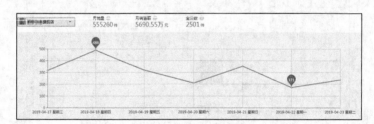

图6-15　竞争对手的商品下架时间分布

该店铺商家也对于竞争对手的商品下架时间段的分布进行了研究，如图6-16所示。从时间段的分布来看，商品的下架时间段主要集中于9:00—11:00。所以，结合竞争对手的商品下架日期和时间段来看，竞争对手的商品主要在周四的9:00—11:00下架。

图6-16　竞争对手的商品下架时间段分布

根据商品下架时间的分布，可以大致地推断出商品下架的峰值与谷值，错开与同行的上下架时间，避免激烈竞争。

## 6.4.5 竞争对手服务质量分析

竞争对手服务质量主要是指 DSR 动态评分的分析，DSR 动态评分是衡量一个店铺是否健康运营的重要指标，主要由描述相符、服务态度以及物流服务 3 个维度的数据综合评分而成。若某项评分高于同行的均值，则会显示红色；反之，则显示绿色。一旦 DSR 评分"飘绿"，则说明店铺运营出现了重大问题，务必立即调整。

【实例 7】

某主营箱包的店铺商家想要研究竞争对手的服务质量，在分析平台中对竞争对手进行了深入的分析。图 6-17 是竞争对手的 DSR 动态评分，可分析出竞争对手的商品描述相符高于同行均值，服务态度和物流服务均低于同行，说明该竞争对手需要在短时间内提升店铺的运营能力，尤其是物流服务质量。

| | 当前评分 | 评分总人数 | 与同行相比 | 同行平均值 | 达到同行平均值所需单数 | 目标值 | 所需 5 分单数 |
|---|---|---|---|---|---|---|---|
| 宝贝与描述相符 | 4.84927 | 132849 | 0.0029 ↑ | 4.84637 | - | 4.9 | 67355 |
| 卖家的服务态度 | 4.77132 | 132849 | 0.0106 ↓ | 4.78192 | 6470 | 4.8 | 19064 |
| 物流服务的质量 | 4.76874 | 132849 | 0.0116 ↓ | 4.78034 | 6859 | 4.8 | 20592 |

图 6-17 竞争对手的服务质量分析

古言道："以铜为镜，可以正衣冠；以人为镜，可以明得失。"将竞争对手目前存在的问题，和自己店铺相对比，若有相同或者类似的问题，也需要即刻优化和解决。

【实例 8】

某主营女装的商家在淘宝搜索同款 T 恤，全网共有 686 件同款商品，如图 6-18 所示。按照销量从高到低来分析，排名第一的商品的全网销量超过 1.2 万件，其定价为 59 元；排名第二的商品定价也是 59 元，而销量却只有 1 万多件；本店铺的定价为 66 元，销量有 9 800 多件。

由此可见，同一款商品，由于定价的差异，销量可能会存在着较大的差异，所以，店铺商家在制定商品价格的时候，一定要参考竞争对手的定价，定价过高，会导致商品的成交转化率下降；定价过低，客户又会怀疑商品的质量。所以，合理的定价也是一门学问。

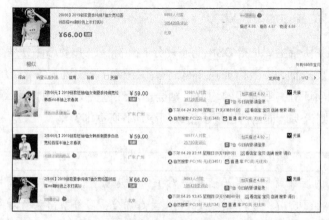

图 6-18　利用同款商品分析竞争对手

此外，除了分析同款商品的销量和价格，还需要借鉴和学习优秀竞争对手的闪光点，尤其是行业的上游商家。同款商品销量第一的商品详情页如图 6-19 所示。

图 6-19　竞争对手的同款商品详情页

从竞争对手的商品详情页中可以得知 3 点关键的信息：第一，该商品正在参加聚划算活动，平台会扶持大量的流量，店铺能够获得更多的曝光量，进而提升商品的成交转化率；第二，该商品的货源量充足，其库存量高达 49 万多件，说明店铺将在最近主打该款商品，该商品有可能是店铺的爆款商品；第三，该商品的人气较高，单品的收藏量超过 5.8 万，说明该商品有成为爆款商品的潜力。

一般而言，商品定价需要遵循黄金定价法则，处于高价位和低价位之间，为客户提供较为宽泛的可选择空间，这样才能够增加商品的成交转化率。此外，对于强劲的竞争对手，一定要去店铺里进行"实地考察"，才能够真正地掌握竞争对手的实际情况，才能够实施相应的营销方案。

## 6.4.6 竞争对手分析报告

对竞争对手经过系统而周密的分析后，需要对这一分析过程进行汇总，即整理成竞争对手分析报告，以便进行进一步的研究和探讨，快速制定出适合店铺发展的方案。

### 1．竞争对手的基本资料

在竞争对手分析报告中，首先要了解竞争对手的基本信息，要做好基础的准备工作，并且在此基础上，有针对性地进行分析，如图 6-20 所示。

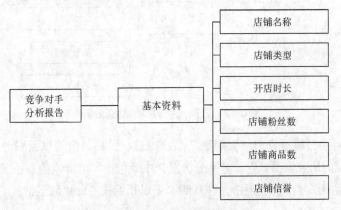

图 6-20　整理竞争对手的基本资料

【实例 9】

某主营箱包商家查看同行的基本信息，如图 6-21 所示。店铺基本信息包括店铺类型、信用等级、创店时间、店铺粉丝数、好评率以及所在地区等详细信息。对竞争对手的层级有一定的了解，避免盲目竞争。

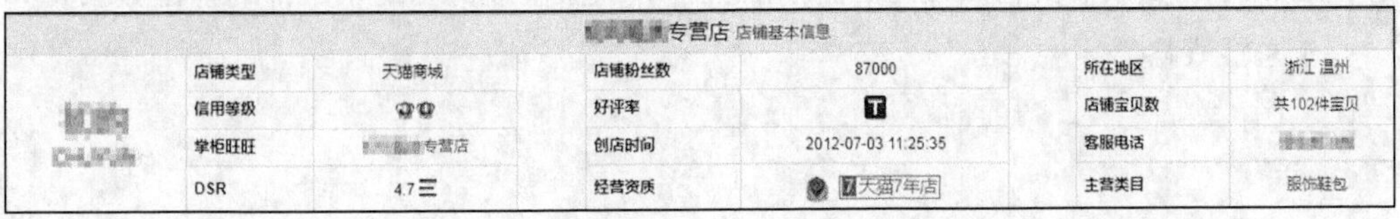

图 6-21　查看竞争对手的基本信息

这些看似很基础的信息，对于竞争对手分析却是非常重要的。例如，开店时长可以证明店铺的运营经验的积累，尤其是10年老店。不断学习竞争对手的优点，总结竞争对手的运营策略，对于新手商家而言，能够避免走弯路，快速提升自己的运营能力。

### 2. 竞争对手的分析指标选择

由于分析是一个比较笼统而烦琐的过程，所涉及的数据指标较多，分析过程也比较长。但是在竞争激烈的电商市场中，如何在最短的时间内获取最精准的竞争对手数据成为众多店铺商家研究的问题，由此可见，快速地选择具有代表性的数据指标是竞争对手分析的关键点，如图6-22所示。

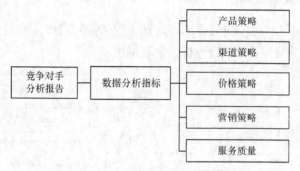

图6-22 选择竞争对手的数据分析指标

在竞争对手分析报告中需要涵盖产品、渠道、价格、营销以及服务质量五大板块，形成多位一体的研究模型。竞争对手分析报告中既包括了电商竞争对手分析的各个方面，又为店铺运营指明了方向和道路，并且商家可以长期按照此思路运营。

## 实践与练习

① 请选择任意电商平台（淘宝、京东或拼多多）进行竞争对手数据分析，要求包括产品、渠道、价格、营销以及服务质量五大板块，并撰写完整的竞争对手分析报告。

② 假设A店铺是一家主营户外用品的店铺，请根据本章所学知识，在淘宝平台上为A店铺筛选5家需要重点关注的竞争店铺，并收集整理竞争对手店铺的基础数据将其汇总成表格。

# 第 7 章

# 库存数据分析

库存的多少对一家网店的商品销售和资金周转起着至关重要的作用。如果店铺的库存不够,有可能会导致商品的后续销售没有存货;如果店铺的库存太多,则又有可能出现压货的情况,从而造成商家资金不能正常周转。所以,合理的库存数量可以为电商运营减少很多无谓的负担。要想将库存保持在一个比较合理的状态,就需要仔细分析商品的库存数据,并通过分析结果来优化库存数量。

## 7.1 认识库存的重要数据指标

在分析库存数据之前,我们先来了解与库存相关的3个重要的数据指标:库存周转率、动销率、滞销率。这3个指标是衡量库存数量是否健康的重要数据指标。

### 7.1.1 库存周转率

库存周转率,也称为存货周转率,是指在某一时间段内库存货物周转的次数。它是一个反映库存周转快慢的指标。通常来讲,库存周转率越大表示产品的销售越好,库存越少,资产的流动性越好。因此,提高库存周转率可以提高企业的变现能力。

**1. 库存周转率计算公式**

库存周转率计算公式如下。

$$库存周转率 = (使用数量 \div 库存数量) \times 100\%$$

或者

$$库存周转率 = (该期间的出库总金额 \div 该期间的平均库存金额) \times 100\%$$
$$= 该期间出库总金额 \div [(期初库存金额 + 期末库存金额) \div 2] \times 100\%$$

考核库存周转率的目的在于从财务的角度计划、预测整个公司的现金流,从而考核整个公司的需求与供应链运作水平。

**【实例1】**

某电商企业2019年第一季度的销售成本为300万元,第一季度初的库存价值为40万元,该季度末的库存价值为80万元,那么其库存周转率为300÷[(40+80)÷2]=5次。即该企业用平均60万元的现金在1个季度里面周转了5次,获得了5次利润。照此计算,如果每季度平均销售货物的成本不变,每季度末的库存平均值也不变,那么该企业的年库存周转率就变为300×4÷40=30次。即相当于该企业一年用60万元的现金赚了30次利润。

由此可见,库存周转率对企业的库存管理来说具有十分重要的意义。而企业的利益是由资金→产品→销售→资金的循环流动产生的,如果循环很快,即周转得很快,在等额资金下的利益率就高。

**2. 提高库存周转率的措施**

在资金有限的情况下,企业要想获得更多的利润,可以采取以下措施。
①提高产品的销售额,降低每月的库存量。
②加快每个单品SKU的周转次数。
③选择优质产品,淘汰滞销商品,加快新商品的引进速度。
④提高订货频次,实行多次少量的订货策略。

**💡提示**

安全库存是指为了应对因物资供应或需求所存在的不确定因素(如突发性的大量订货或供应商延期交货等)而影响订货需求的情况准备的缓冲库存。安全库存用于满足商家对商品销售的需求,便于商家提前备货。在实际操作中,安全库存主要是参考企业的历史数据,结合采购经验和产品的市场动态行情进行设置,最终确定出合理的库存量。

### 7.1.2 动销率

动销率是评价店铺综合质量得分的一个指标,动销率分为店铺动销率和商品动销率。店铺动销率是有销量的商品数量占店铺所有商品总数的百分比,即店铺动销率 = 有销量的商品数量 ÷ 店铺在线销售的所有商品总数量。商品动销率 = 已销售的商品销量 ÷ 商品的总库存 × 100%。

【实例2】

店铺有10个商品，有8个商品是有销量的，那店铺的动销率就是8÷10×100%=80%。

店铺动销率高，店铺权重可能较高，通常情况是动销率80%为合格，90%为优秀。而商品动销率高，则说明商品受市场欢迎，权重也比较不错。

### 7.1.3 滞销率

滞销率就是呆滞库存金额占总库存金额的百分比。也可以用商品数量来表示，即：滞销率＝滞销商品数 ÷ 全店商品数 ×100%。

呆滞库存是指长时间没有销出的库存。滞销率反映了店铺库存中现有多少是有风险的库存，滞销率越低说明库存越健康。滞销商品会影响店铺的综合质量得分，从而影响店铺内其他非滞销商品的排名。因此，可以及时下架或者直接删除滞销商品（或动销率较低的商品），然后重新上架，以提高店铺权重和商品排名。

综上所述，库存周转率是从库存流动的速度来反映库存情况的；动销率是从库存流动的范围反映库存情况的；而滞销率则是从库存流动的分布来反映库存情况的。通常来说，动销率越高，库存周转越快；动销率越低，库存周转越慢。库存动销率低，滞销率高，而动销率高，则滞销率低。

## 7.2 商品库存信息数据采集与分析

要分析库存数据，首先需要采集商品库存数据。如果采用人工手动录入数据表格将是一件费时费力的事，并且也会经常出错，因此，应该使用一些简单便捷的方法来采集库存数据。

采集商品库存数据的方法很多，主要从电商平台的后台导出，如淘宝平台的"淘宝助理"；也可以从专业的仓库软件中导出，如网店管家、管家婆。将采集好的数据制表后，即可进行分析。

### 7.2.1 采集商品库存数据

由于电商平台较多，导出销售数据的方法各有不同，下面将以淘宝平台中的"淘宝助理"为例来讲解如何导出库存信息数据。

淘宝助理是一款免费的客户端商家工具软件，商家在淘宝助理中登录淘宝账号后，就可以快速获取、编辑店铺的商品信息了，非常方便。

在淘宝网站中的卖家服务区可以下载"淘宝助理"到电脑上进行安装。安装完成后即可使用淘宝助理采集店铺库存数据。

①下载安装"淘宝助理"后，在电脑桌面上双击"淘宝助理"的图标，或者右击图标后选择"打开"选项，打开"淘宝助理"，如图 7-1 所示。

图 7-1　打开"淘宝助理"

②弹出"淘宝助理"的登录页面，输入"会员名"和"密码"，单击"登录"按钮，如图 7-2 所示。

③进入"淘宝助理"页面，切换到"宝贝管理"选项卡，在左边选择"出售中的宝贝"，这时右边会出现相应的商品列表，选择需要导出数据的商品，如图 7-3 所示。

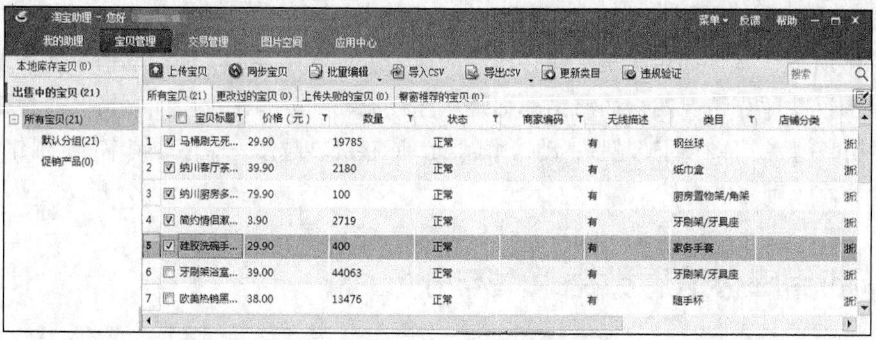

图 7-2　"淘宝助理"的登录页面

图 7-3　选择需要导出数据的商品

④选择完需要导出的商品后，单击"导出 CSV"下拉按钮，从弹出的下拉列表框中选择"导出勾选宝贝"选项，如图 7-4 所示。

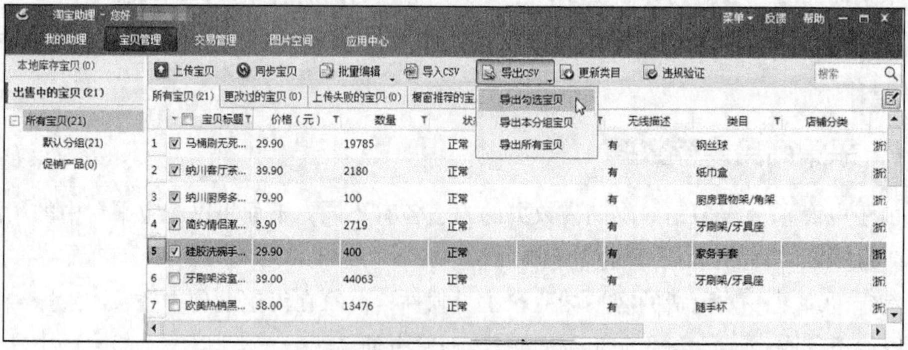

图 7-4　导出商品数据

⑤弹出"保存"对话框，设置保存路径和文件名，单击"保存"按钮，如图7-5所示。

图7-5 保存导出的商品数据

⑥导出完毕后单击"关闭"按钮，如图7-6所示。

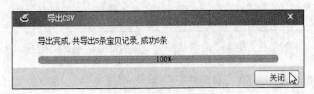

图7-6 成功导出数据

> **小技巧**
>
> 如果商家需要从备份文件中导入商品资料到"淘宝助理"中，只需单击"导入csv"按钮，然后选中备份文件，单击"打开"按钮即可完成导入。

⑦商品数据成功导出后，系统会自动创建一个Excel表格，如图7-7所示。

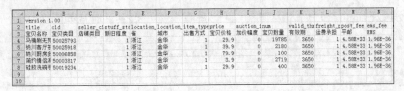

图7-7 导出的商品数据

⑧在导出的数据中找出与库存数据有关的数据类型，如数字ID（商品ID）、商家编码、商品类目、商品价格（零售价）、商品数量（可售库存）等，将这些数据复制到一个新的Excel表格中，如图7-8所示。

| | A | B | C | D | E | F |
|---|---|---|---|---|---|---|
| 1 | 商品ID | 商家编码 | 商品类目 | 零售价/元 | 可售库存 | |
| 2 | 210000001 | 1001 | 50025793 | 29.9 | 19785 | |
| 3 | 210000002 | 1002 | 50025918 | 39.9 | 2180 | |
| 4 | 210000003 | 1003 | 50006858 | 79.9 | 100 | |
| 5 | 210000004 | 1004 | 50003817 | 3.9 | 2719 | |
| 6 | 210000005 | 1005 | 50019234 | 29.9 | 400 | |
| 7 | | | | | | |
| 8 | | | | | | |

图 7-8  复制导出的商品数据

⑨由于这里导出的数据都属于出售中的商品数据，所以还要在这些数据类型后面增加一列，用于显示数据的状态为"出售中"的商品库存数据。至此通过"淘宝助理"获取商品库存数据的操作已经全部完成，最终使用"淘宝助理"采集的部分店铺库存数据如图 7-9 所示。

| | A | B | C | D | E | F |
|---|---|---|---|---|---|---|
| 1 | 商品ID | 商家编码 | 商品类目 | 零售价/元 | 可售库存 | 状态 |
| 2 | 210000001 | 1001 | 50025793 | 29.9 | 19785 | 出售中 |
| 3 | 210000002 | 1002 | 50025918 | 39.9 | 2180 | 出售中 |
| 4 | 210000003 | 1003 | 50006858 | 79.9 | 100 | 出售中 |
| 5 | 210000004 | 1004 | 50003817 | 3.9 | 2719 | 出售中 |
| 6 | 210000005 | 1005 | 50019234 | 29.9 | 400 | 出售中 |
| 7 | | | | | | |

图 7-9  使用"淘宝助理"采集的部分店铺库存数据

另外，还要将可售库存填入表格中。可售库存是一个必填项，有了该项数据，后期才能顺利进行库存分析。可售库存并非是填写在商品详情页上的可售商品数据，而是店铺中真实的库存情况。例如，一家店铺每个月盘点一次，数据分析人员可以直接将盘点后的库存数据填写到库存信息表的可售库存项中。通常情况下，店铺中负责商品采购进货的员工都会有一张记录库存数据的表格，可售库存数据可以从这张表格中提取。

有时为了方便，还可以补充一些其他数据到表格中，如"成本价""零售价""商家编码""是否重复"等数据，既方便数据分析人员查看库存商品的多方面数据，也方便数据分析人员进行其他项目的统计，如成本统计等，而不用另外建表。

将所有数据进行整理后，编制成一个"库存总览"报表，通常如图 7-10 所示。

| | A | B | C | D | E | F | G | H | I | J |
|---|---|---|---|---|---|---|---|---|---|---|
| 1 | 商品ID | 商家编码 | 类目ID | 类目名称 | 可售库存 | 成本价/元 | 零售价/元 | 状态 | 总成本金额/元 | 是否重复 |
| 2 | 210000001 | 1001 | 50025793 | T恤 | 35 | 20 | 45 | 出售中 | 700 | |
| 3 | 210000002 | 1002 | 50025793 | T恤 | 50 | 20 | 45 | 出售中 | 1000 | |
| 4 | 210000003 | 1003 | 50025793 | T恤 | 57 | 20 | 45 | 出售中 | 1140 | |
| 5 | 210000004 | 1004 | 50025793 | T恤 | 55 | 30 | 50 | 出售中 | 1650 | |
| 6 | 210000005 | 1005 | 50025793 | T恤 | 40 | 30 | 50 | 出售中 | 1200 | |
| 7 | 210000006 | 1006 | 50003817 | 牛仔裤 | 22 | 30 | 50 | 出售中 | 660 | |
| 8 | 210000007 | 1007 | 50003817 | 牛仔裤 | 15 | 30 | 50 | 出售中 | 450 | |
| 9 | 210000008 | 1008 | 50003817 | 牛仔裤 | 25 | 30 | 50 | 出售中 | 750 | |
| 10 | 210000009 | 1009 | 50003516 | 连衣裙 | 30 | 40 | 80 | 出售中 | 1200 | |
| 11 | 210000010 | 1010 | 50003516 | 连衣裙 | 15 | 40 | 80 | 出售中 | 600 | |
| 12 | | | | | | | | | | |

图 7-10  "库存总览"报表

## 7.2.2 分析商品库存数据

店铺库存数据采集完成并建表后，就可以进行分析了。下面就从商品类目可售库存占比、商品类目销售这两个方面出发，讲解具体的库存数据的分析方法。

下面就以 A 网店"库存分析"报表中的"类目情况"表为例，来讲解如何分析库存商品的类目情况。A 网店"库存分析"报表中的"类目情况"表如图 7-11 所示，表中将"商品类目可售库存占比"数据绘制成饼图，使之看上去更加直观。

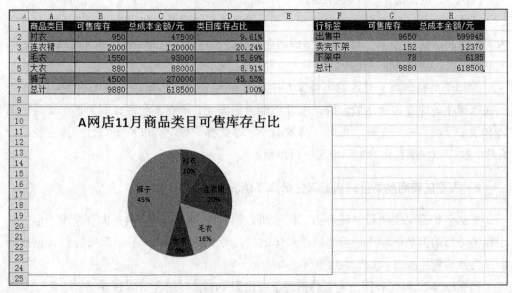

图 7-11　"类目情况"表

**1. 根据店铺商品类目可售库存占比图表分析库存情况**

在 A 网店的"类目情况"表中首先可以看到店铺整体的库存情况，也就是图 7-11 中左上方的数据。通过这些数据可以知道 A 网店 11 月可售总库存为 9880 件，总成本金额为 618500 元。A 网店经营的是服装类商品，通常服装类商品的销量和库存受季节影响特别大。下面就结合图 7-11 中的 A 网店商品类目可售库存占比图表来具体分析店铺每一类目的库存情况。

①衬衣类目。衬衣类目的可售库存占比为 10% 左右，具体数量为 950 件。衬衣可售库存占比并不算太大，但该库存量是否合理，还需要根据具体的实际情况进行判断。由于分析的是 A 网店 11 月的商品库存数据，如果店铺中销售的衬衣大多都是初夏或早秋穿的薄款衬衣，那么这个库存数据就不太合理(薄款衬衣在冬季的销量较差，库存不宜太多)；如果销售的衬衣主要以厚款或加绒的衬衣为主，那么这个库存数据就是比较正常的。

②连衣裙类目。连衣裙类目的可售库存占比为20%左右,具体数量为2000件。11月并不是连衣裙商品的热销季节,但店铺中还有20%左右的连衣裙库存,就说明了该类目的商品在店铺中压货严重,商家应该尽快想办法将该类目的商品销售出去,减少库存占比。

③毛衣类目。毛衣类目的可售库存占比为16%左右,具体数量为1550件。冬季是毛衣类商品的销售旺季,在接下来的12月、1月、2月都可以将毛衣作为店铺的主推商品进行销售,因此这个库存数据属于一个比较合理的范围。

④大衣类目。大衣类目的可售库存占比为9%左右,具体数量为880件。11月也是大衣类商品的销售旺季,虽然800多件的存库量并不算少,但9%的库存占比相较于店铺中的其他类目商品来说,还是显得不太合理。

⑤裤子类目。裤子类目的可售库存占比为45%左右,具体数量为4500件。裤子类目在店铺中的库存占比是最大的,但并不能说明该类目库存不合理,因为裤子类目下面还有很多子类目——短裤、长裤、薄款裤子、厚款裤子等。所以裤子类目的库存量是否合理,也应该根据具体的实际情况进行判断。

### 2. 根据店铺商品类目销售图表分析库存情况

根据店铺商品类目可售库存占比图表可以简单地分析一下店铺的库存情况,但店铺中很多类目的商品库存还是需要根据具体的销售情况进行判断。下面就来看看A网店的商品类目销售量占比,如图7-12所示。

根据图7-12可以看到,衬衣的销售量占比为14%,再结合图7-11中数据,可以知道衬衣的可售存库占比为10%左右,销售量占比和库存占比基本上接近,因此衬衣类商品在A网店中的库存量是比较合理的。

从图7-12可以看到连衣裙的销售量占比为11%,说明连衣裙11月在A网店中的销量并不高。再结合图7-11中数据来看,连衣裙的可售库存占比为20%左右,具体数量为2000件,可售库存占比和库存量都不低。20%的可售库存量对于只有11%的市场销量来说,是很难消化的,所以连衣裙的库存非常不合理。这时商家应该通过各种打折促销的方式,尽可能地将库存积压的连衣裙销售出去,大幅度降低连衣裙的库存,使连衣裙的销售量占比与存库占比基本维持在一个相同的水平上。

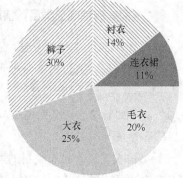

图7-12 A网店的商品类目销售量占比

从图 7-11 和图 7-12 可以看到毛衣的销售量占比为 20%，可售库存占比为 16% 左右，销售量占比和存库占比基本上接近，因此毛衣的库存属于一个正常范围。但由于冬季是毛衣的销售旺季，市场需求量较大，所以商家也可以适当增加一点毛衣的可售库存占比。

从图 7-11 和图 7-12 可以看到，大衣的销售量占比为 25%，可见大衣在 11 月的销售需求是非常大的，但 A 网店大衣的可售库存占比只有 9% 左右，明显不能满足大衣的销售需求，所以 A 网店大衣的库存是不合理的。商家应该尽快降低店铺中其他类目商品的库存占比，提高大衣的库存占比，以满足客户的购买需求。

从图 7-11 和图 7-12 可以看到，裤子的销售量占比为 30%，销售情况非常理想；可售库存占比为 45% 左右，库存也是非常充足的，能够很好地满足裤子类商品的销售需求。但是裤子的可售库存占比比裤子的销售量占比多了 15% 左右，过大的库存量也容易造成一定的浪费，所以建议商家可以适当减少裤子的可售库存占比，将销售量占比和可售库存占比之间的差额尽量控制在 5% 左右。

## 7.3 根据数据优化店铺库存

当店铺的商品销售一段时间后，货物不够，这时商家就需要为店铺销售的商品补货。进行店铺库存数据分析就是为了高效、精准地补货，保证商品销售所需的充足货量。商家想要高效、精准地补货就需要对商品的库存周期进行分析，具体补货多少，还要参考行业变化情况和产品变化情况。

### 7.3.1 分析库存周期

商家在做进货数量决策时，往往需要先解决商品的库存周期问题，再去分析市场行情和产品的销量情况。下面就以 Z 网店的"库存周期"报表为例，看看如何进行库存周期分析。

首先打开 Z 网店的"库存周期"报表，如图 7-13 所示。通过该报表可以看到，在可售周数不多的情况下，"是否需要采购"列就会显示"报警"，提醒商家需要补货了。

| | A | B | C | D | E | F | G | H | I |
|---|---|---|---|---|---|---|---|---|---|
| 1 | 商品类目 | 成交件数 | 成交金额/元 | 库存 | 商品状态 | 可售周数 | 补货数量参考值 | 补货报警 | 是否需要采购 |
| 2 | 衬衣 | 1500 | 120000 | 12 | 出售中 | 0.04 | 588 | -1.96 | 报警 |
| 3 | 连衣裙 | 700 | 69300 | 5 | 出售中 | 0.04 | 275 | -1.96 | 报警 |
| 4 | 外套 | 455 | 50050 | 10 | 出售中 | 0.11 | 172 | -1.89 | 报警 |
| 5 | T恤 | 460 | 23000 | 3 | 出售中 | 0.03 | 181 | -1.97 | 报警 |
| 6 | 牛仔裤 | 200 | 17000 | 8 | 出售中 | 0.2 | 72 | -1.8 | 报警 |
| 7 | 休闲裤 | 100 | 10200 | 10 | 出售中 | 0.42 | 38 | -1.58 | 报警 |
| 8 | | | | | | | | | |
| 9 | 销售周数取值 | 补货采购周数 | 安全库存周数 | | | | | | |
| 10 | 5 | 2 | 1 | | | | | | |
| 11 | | | | | | | | | |

图 7-13 Z 网店的"库存周期"报表

> **提示**
>
> "库存周期"报表中的"可售周数"和"补货数量参考值"两列数据均属于预估值,其计算方法如下。
>
> 可售周数=库存÷(成交件数÷销售周数取值)。
>
> 补货数量参考值=成交件数÷销售周数取值×补货采购周数-库存。

如果要想使"库存周期"报表能够向商家发出库存"报警"提醒,需要提前在报表中设立好3个条件,即销售周数取值、补货采购周数、安全库存周数。

### 1. 设置"销售周数取值"的大小

"销售周数取值"是指在前期采集商品数据时选择的时间取值。例如,Z网店在采集数据时,一共采集了店铺5周的商品数据,那么"销售周数取值"就应设置为5,如图7-14所示。一般来说,"销售周数取值"最好设置为2～5。

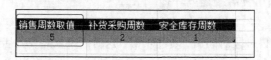

图7-14 设置"销售周数取值"的大小

### 2. 设置"补货采购周数"的大小

"补货采购周数"简单来说就是计算补货需要多长时间。每个商家补货所需的时间都是不同的,有的商家补一次货可能只需要三五天,而有的商家补一次货可能需要半个月。按照正常情况,补货的周数一般是1～2周。Z网店设置的"补货采购周数"为2,如图7-15所示。

图7-15 设置"补货采购周数"的大小

假设某店铺的补货周数是一个月,但该店铺销售的商品又是季节性商品,如果用一个月时间进行补货,很有可能就会使商品错过最佳的销售时间。所以商家要注意控制补货周数的长短,千万不要因为商品的补货周数太长,而导致商品的销售周数缩短。因此建议商家设置的补货周数最好不要大于3周。

当然,如果商家销售的是一些不容易过时的商品,如手机、电器等,不存在错过销售季节的问题，一年四季都可以销售，那么就不用特别控制补货时间。

另外，商家在精准计算商品补货数量的时候往往也需要考虑"补货采购周数"的大小问题。例如，A 商家的货源地比较远，补一次货需要半个月时间，那么 A 商家补货数量就应该更多，至少要能够保证店铺在补货期间不会断货；而 B 商家的货源地就在本地，补一次货只需要 1～2 天时间，那么 B 商家则可以每次少补一点货，一周补一次货，尽量做到不积压库存，从而使店铺的资金周转最大化。

### 3. 设置"安全库存周数"的大小

店铺需要在什么时候开始补货，是要等到完全没有库存才开始补货吗？答案肯定不是。店铺补货时，应该预留一周左右的安全库存。不过有的商家补货速度很快，一周以内就可以完成补货，"安全库存周数"可以设置为 0.5。如果补货周数是 2 周，那么"安全库存周数"可以设置为 1。Z 网店设置的"安全库存周数"为 1，如图 7-16 所示。

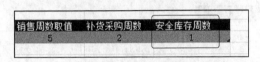

图 7-16　设置"安全库存周数"的大小

## 7.3.2　分析行业变化

在 Z 网店的"库存周期"报表中，有一列数据显示的是"补货数量参考值"，如图 7-17 所示。"补货数量参考值"数据是商家补货数量的一个参考值，其中的数值显示多少，并不代表商家就一定要补这么多数量的货物。"补货数量参考值"数据是根据事先设置的字段进行计算的，不能将一些突发情况考虑进去，所以商家需要结合行业的变化来具体分析，最终决定是否要根据"补货数量参考值"显示的数值来进行补货。

| 商品类目 | 成交件数 | 成交金额/元 | 库存 | 商品状态 | 可售周数 | 补货数量参考值 | 补货报警 | 是否需要采购 |
|---|---|---|---|---|---|---|---|---|
| 衬衣 | 1500 | 120000 | 12 | 出售中 | 0.04 | 588 | -1.96 | 报警 |
| 连衣裙 | 700 | 69300 | 5 | 出售中 | 0.04 | 275 | -1.96 | 报警 |
| 外套 | 455 | 50050 | 10 | 出售中 | 0.11 | 172 | -1.89 | 报警 |
| T恤 | 460 | 23000 | 3 | 出售中 | 0.03 | 181 | -1.97 | 报警 |
| 牛仔裤 | 200 | 17000 | 8 | 出售中 | 0.2 | 72 | -1.8 | 报警 |
| 休闲裤 | 120 | 10200 | 10 | 出售中 | 0.42 | 38 | -1.58 | 报警 |

| 销售周数取值 | 补货采购周数 | 安全库存周数 |
|---|---|---|
| 5 | 2 | 1 |

图 7-17　"库存周期"报表中的"补货数量参考值"数据

### 1. 分析"补货数量参考值"的数据大小依据

假设将"销售周数取值"设置为 5，将"补货采购周数"设置为 1，将"安全库存周数"

设置为 1，如图 7-18 所示。

图 7-18　字段设置

这时"库存周期"报表会自动进行数据更新，更新后的结果如图 7-19 所示。这里查看"补货数量参考值"所在列的数据，从第一行数据中可以得知"衬衣"的补货数量参考值为 288 件。那么商家是否真的需要按照补货数量参考值给出的 288 件进行补货呢？

| | A | B | C | D | E | F | G | H | I |
|---|---|---|---|---|---|---|---|---|---|
| 1 | 商品类目 | 成交件数 | 成交金额/元 | 库存 | 商品状态 | 可售周数 | 补货数量参考值 | 补货报警 | 是否需要采购 |
| 2 | 衬衣 | 1500 | 120000 | 12 | 出售中 | 0.04 | 288 | -0.96 | 报警 |
| 3 | 连衣裙 | 700 | 69300 | 5 | 出售中 | 0.04 | 135 | -0.96 | 报警 |
| 4 | 外套 | 455 | 50050 | 10 | 出售中 | 0.11 | 81 | -0.89 | 报警 |
| 5 | T恤 | 460 | 23000 | 3 | 出售中 | 0.03 | 89 | -0.97 | 报警 |
| 6 | 牛仔裤 | 200 | 17000 | 8 | 出售中 | 0.2 | 32 | -0.8 | 报警 |
| 7 | 休闲裤 | 120 | 10200 | 10 | 出售中 | 0.42 | 14 | -0.58 | 报警 |
| 8 | | | | | | | | | |
| 9 | 销售周数取值 | 补货采购周数 | 安全库存周数 | | | | | | |
| 10 | 5 | 1 | 1 | | | | | | |
| 11 | | | | | | | | | |

图 7-19　改变字段后的"库存周期"报表数据

先来看看"库存周期"报表中"成交件数"所在列的数据，根据数据显示可以得知"衬衣"在 5 周内一共销售了 1 500 件。那么为什么成交件数为 1 500 件，补货却只用补 288 件，而不是 1 500 件呢？

这是因为"补货数量参考值"是综合了线上、线下各种因素后计算出来的结果。例如，"衬衣"成交件数 1 500 件，表示的是 5 周的销售数量，如果平均计算 1 周的成交件数大概在 300 件左右。而补货采购周数一般是 1～2 周，这里设置的补货采购周数是 1 周，所以如果商家需要补货可以先补 1 周的货量，也就是 300 件左右。因此，"补货数量参考值"给出的 288 件，从数据计算上来看基本是合理的。

### 2. 分析行情趋势

分析了"补货数量参考值"中显示数据的依据，接下来就需要分析商品的行情趋势了。因为如果该商品的整体市场行情都在下滑，那肯定就不能按照"补货数量参考值"中给出的数值进行补货了。

在"阿里指数"中查看"女式衬衫"1—4月的市场行情，如图 7-20 所示。根据"女式衬衫"的市场趋势图可以看到 1 月和 2 月"女式衬衫"的市场采购指数较低，证明这两个月市场的销售情况不理想。尤其是 2 月，市场销售情况下滑严重。因此，如果商家需要补货的时间是在 1 月和 2 月，就不能够完全按照"补货数量参考值"给出的数值进行补货，应该适当减少补货数量，防止出现库存积压的情况。如果商家需要补货的时间是在 3 月和 4 月，则可以在"补货数量参考值"的基础上适当增加一点补货数量，因为这一段时间内商品的销售情况在逐步好转，甚至出现增长的趋势。

### 7.3.3 分析产品变化

商家除了通过分析市场行业来判断商品的补货数量，还可以通过分析店铺中商品的具体销售情况来判断商品的补货数量。例如，在"生意参谋"中查看某店铺的洗面奶商品 7—8 月的销售趋势图，如图 7-21 所示。

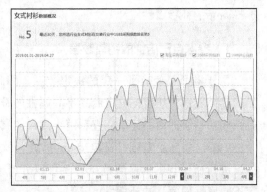

图 7-20　"阿里指数"中"女式衬衫"的市场趋势图

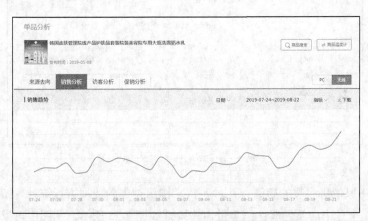

图 7-21　洗面奶商品 7—8 月的销售趋势图

通过图 7-21 可以看到该店铺这款洗面奶商品在 7 月 24 日至 8 月 21 日的销售趋势总体比较平稳。如果该商品的销量出现上涨趋势，说明该商品的销售需求和库存需求增大，商家需要适当增加补货数量；如果该商品的销量出现下降趋势，说明该商品的销售需求和库存需求减小，商家则应该减少相应的补货数量。

### 7.3.4 根据数据精准补货

知道了补货的数量，但商家还是无法做到精准补货，因为同一种商品有可能有很多种样式、颜色、尺码等。商家需要针对商品不同的属性，挑选出最受客户喜欢的货品进行补充，才能真正做到精准补货。补货数据参考的渠道有很多，商家可以参考自己店铺中的销售数据，也可以参考同行店铺的销售数据，还可以参考数据工具中数据，以此来选择商品的补货属性。

### 1. 参考自己店铺的销售数据

由于商品已经有了一定的销售数据,因此商家就可以直接从这些销售数据中分析商品的热销属性,然后再决定商品不同属性的补货量。具体的做法是:在平台的商家后台,打开成功销售的商品订单,查看销售商品的属性,如图 7-22 所示。图 7-22 中"宝贝属性"一栏中的"香味:基础材料包 +9cm 绣绷"就是这笔交易的商品属性。商家针对同一款商品,进行所销售的商品属性统计就可以分析出什么属性的商品销售得比较好,然后再决定不同属性的商品的补货量。

图 7-22 已销售商品的属性

例如,一家销售服装的店铺,针对一款 T 恤已销售的数据进行统计,结果发现这款 T 恤在过去 1 个月中的颜色属性销售量占比统计如图 7-23 所示。从图中可以看到,这款 T 恤的白色属性销量占比最大,达到了 42%,其次是黑色属性,销量占比为 25%。假设商家针对这款 T 恤准备补货 1000 件,那么白色的货应该补 1 000×42%=420(件);黑色的货应该补 1 000×25%=250(件);红色的货应该补 1 000×11%=110(件);蓝色的货应该补 1 000×12%=120(件);黄色的货应该补 1 000×10%=100(件)。

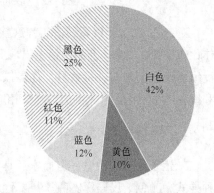

图 7-23 商品颜色属性的销售量占比统计

### 2. 参考同行店铺的销售数据

商家除了参考自己店铺的销售数据作为补货依据,还可以参考同行店铺的销售数据作为补货依据。

例如，一家销售男鞋的淘宝商家准备为自己店铺中销售的某款男士皮鞋补货，该商家可以在淘宝中找到这款商品的主图，然后单击"找同款"按钮，如图7-24所示。对找到的同款商品进行销量排序，选择销量最多的那款商品作为数据统计的对象，如图7-25所示。

图7-24 找商品同款　　　　　　　图7-25 对同款商品进行销量排序

进入销量最大的商品的详情页后，查看其评论，如图7-26所示，从评论中可以看出不同的客户购买了什么颜色、什么尺码的商品。对这些数据进行统计，商家就可以知道这款商品不同属性的销售量占比，以此作为自己商品的补货依据。

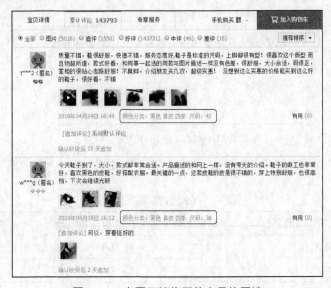

图7-26 查看已销售同款商品的属性

### 3. 参考数据工具中的数据

在电商市场中，商品不同属性的销量并不是一成不变的。在商品销售期间，可能出现了某个新闻热点或娱乐头条，导致商品原来不流行的属性突然变得流行。在这种情况下，商家就不能只参考过去时间段的商品属性销售数据，还应该合理利用数据工具，检测商品不同属性的市场波动情况。商家可以使用百度指数、阿里指数以及生意参谋等数据工具分析商品不同属性的销售情况。

以阿里指数为例，商家可以在"属性细分"中查看需要补货商品最近 30 天的热门属性。如图 7-27 所示，可以看到女式衬衫的"图案"属性的市场行情。从数据显示可以看出，女式衬衫的热门图案依次为纯色、条纹、印花、波点、格子。因此，商家在补货时应该适当增加这些热门属性商品的补货数量。

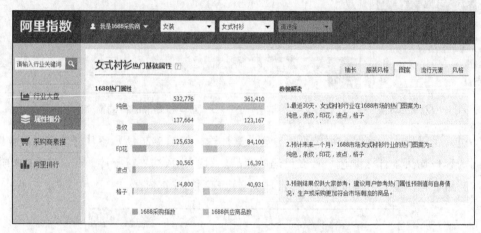

图 7-27　在阿里指数中查看商品热门基础属性

## 实践与练习

① 请简述通过"淘宝助理"采集店铺基础数据的操作方法。

② 表 7-1 所示为 Y 网店的库存数据表，请通过该库存数据表分析 Y 网店的库存数据是否合理。

表 7-1　Y 网店的库存数据表

| 日期 | 商品名称 | 可售库存/件 | 库存成本/元 | 一周减小库存量/件 |
| --- | --- | --- | --- | --- |
| 1月第1周 | 连衣裙 | 552 | 13 800 | |
| | 毛衣 | 280 | 12 600 | |

续表

| 日期 | 商品名称 | 可售库存/件 | 库存成本/元 | 一周减小库存量/件 |
|---|---|---|---|---|
| 1月第1周 | 羽绒服 | 680 | 46 240 | |
| | T恤 | 503 | 10 060 | |
| | 裤子 | 825 | 33 000 | |
| 1月第2周 | 连衣裙 | 354 | 8 850 | 198 |
| | 毛衣 | 38 | 1 710 | 242 |
| | 羽绒服 | 290 | 19 720 | 390 |
| | T恤 | 369 | 7 380 | 140 |
| | 裤子 | 371 | 14 840 | 454 |

# 第 8 章

# 财务数据分析

在对店铺的运营数据进行分析时，财务数据的分析是必不可少的，因为财务数据的分析往往关系到店铺经营效益。数据分析人员需要对店铺的成本费用以及利润等财务数据进行准确的预测和分析，全面掌握店铺的财务状况。

## 8.1 影响网店盈利的因素

网店运营的核心是盈利，所以如何利用最小的成本获取最大的利润是商家们最关心的问题。

一个网店的利润等于总收入减去总成本，即：利润 = 收入 — 成本。

由此可见，影响网店盈利的因素主要有两个，即网店成交额（收入）和网店总成本。商家想要实现网店利润的最大化，最理想的状态就是提升网店成交额，同时降低网店总成本。网店的总成本一般包括商品的成本、推广的成本以及其他固定成本，通过对成本进行分析，可以更加准确地认识网店的财务构成，在控制成本时也能够做到胸有成竹。

电商财务数据的获取渠道通常包括支付宝的货款销售金额、退款金额，电商平台后台的商品交易数据，运营推广部门的运营推广费用，以及财务部门的各项成本费用数据。在做财务数据分析时分析人员必须将这些数据进行收集、归类处理，然后通过科学的分析方法进行数据分析，得出一个可行性的分析报告。

## 8.2 电商企业的成本构成

一个电商企业的成本主要由以下 4 个方面的成本组成——平台成本、运营成本、货品成本、人员成本，简称 ROPG，如图 8-1 所示。

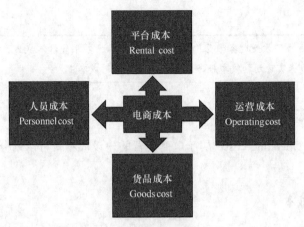

图 8-1 电商企业成本

## 8.2.1 平台成本

平台成本（Rental cost）部分属于电商运营的基建成本，对于电商运营商来讲，平台成本指的是店铺保证金、技术服务年费、实时划扣技术服务费。下面以淘宝、天猫平台为例介绍平台成本。

**1. 店铺保证金**

在天猫平台上开店，必须缴纳一定数额的店铺保证金，其金额根据类目的不同而定，通常在 10 万元到 15 万元之间。这部分费用在退出平台时要退还商家。

**2. 技术服务年费**

技术服务年费也是每个店铺必须要缴纳的，不同平台的技术服务年费有所区别。天猫商城的商家必须一次性缴纳一定金额的技术服务年费，年费根据类目不同来划分等级，分为 3 万元和 6 万元两个等级，符合相关条件能够返还一定比例。淘宝店没有这项费用，开店的主要费用就是保证金和付费推广费。

**3. 实时划扣技术服务费**

实时划扣技术服务费与店铺租赁费相似，平台根据类目不同，向商家（如天猫商城的商家）销售后的商品按一定比例收取服务费。

> **提示**
>
> 通常情况下，为了方便财务做账，商家都只将技术服务年费计入成本，未将平台费用中的保证金计入成本，而将实时划扣技术服务费计入商品的费用成本中。

### 8.2.2 运营成本

运营成本（Operating cost）属于电商运营的建设成本，可以划分为硬运营成本和软运营成本两部分。

#### 1. 硬运营成本

硬运营成本是指电商运营中所需要的一次性或固定额度的硬件，以及后端软件的成本。例如，CRM 系统、ERP 系统等软件成本，打印机和扫码枪等硬件成本。

#### 2. 软运营成本

软运营成本是指电商运营的推广费用。目前主要有 4 种推广付费模式：按点击量付费（CPC），如直通车；按展示付费（CPM），如钻石展位；单位时长付费（Cost Per Time，CPT），如电话营销；按效果付费（Cost Per Sales，CPS），如淘宝客。

> **提示**
>
> 通常情况下，为了方便财务做账，商家将硬运营成本计入固定成本（或办公费用中），软运营成本计入推广费用。

### 8.2.3 货品成本

货品成本（Goods cost）属于电商企业经营的核心成本，主要包含货品净成本、库存积压成本、仓储物流成本、货品残损成本等。

#### 1. 货品净成本

货品净成本就是指购买商品的出厂价成本，不包括运费、差旅费。

#### 2. 库存积压成本

库存积压成本通常包括显性成本和隐形成本。库存的显性成本主要是指商品过季打折处理损失。隐形成本包括仓储成本（管理与盘库）、货物运输成本、毁坏成本等。

### 3. 仓储物流成本

仓储物流成本包括仓储与物流两个部分的成本。仓储成本是指商品存储和商品管理所需的成本，包括仓库租赁费用、仓库管理人员的费用，以及商品的包装费用。物流成本是指采购和销售商品而支付的物流运输费用和人工差旅费用等。

### 4. 货品残损成本

货品残损成本是指因商品在运输、存储过程中发生破损而支付的修复、报废等费用。

> **提示**
>
> 店铺的经营模式不同，其货品的成本构成也有所不同。例如代销性质的店铺就没有货品的成本，这种店铺靠销售提成获得利润，相当于公司的业务员。

## 8.2.4 人员成本

人员成本（Personnel cost）主要包含员工工资成本、办公场所成本和办公设备成本等。

### 1. 员工工资成本

企业（公司）各岗位人员的工资成本，通常由运营、财务、客服等人员的基本工资与绩效工资组成。

### 2. 办公场所成本

办公场所成本包括办公场地租赁费、物管费、水电费，以及库房租赁费等。

### 3. 办公设备成本

办公设备成本通常包括办公场所必备的硬件设备与软件系统，主要有办公家具、办公网络、办公电脑与手机、打印机、办公专用软件等。

> **提示**
>
> 为了方便财务做账，办公场所成本、办公设备成本都归为办公固定成本，员工的工资成本归为变动成本。

## 8.3 电商成本核算

了解了电商成本的构成后，下面主要介绍如何量化电商成本，即通过计算公式来大体计算出商家所在行业的电商运营成本。

### 8.3.1 成本核算公式

根据电商成本的构成，可以得出成本的计算公式如下。

$$总成本 = [1\sim n]R+O+G+P$$

这里约定公式中的数字"$[1\sim n]$"表示成本的权重系数，即指当规模增大或业务增多时对总成本的影响程度。

由于随着规模的增大，成本也会发生变化，因此，总成本会有规模效应 $S$，总成本的公式变为如下形式：

$$总成本=[1\sim n]R+O+G+P-[0\sim nx]S$$
$$O=[1\sim 1.5]硬件成本+[1\sim x]软件成本$$
$$G=[1\sim nx](货品净成本+货品残损成本)+$$
$$[0\sim 1]库存积压成本+[1\sim 1.5]仓库管理成本$$
$$P=[1\sim n](员工成本+场地成本+办公设备成本)+[1\sim 1.5]管理成本$$

> **提示** 公式中各因子的含义解释如下：
> ①公式中的 1 指的是当仅运营单独电商平台时需要的成本核算方式；
> ②公式中的 $n$ 指的是当运营电商平台的规模增大或数量增多时的变化因子；
> ③公式中的 $x$ 指的是当投入的推广占比增加时的变化因子。
> ④公式中的 $S$ 是最特殊的一个负向因子，它是电商运营中成本控制的一个关键因子，又称为"规模反应因子"。

### 8.3.2 成本核算公式的运用

企业进行成本核算的意义在于不仅可以让企业知道要用多少钱，而且还能让企业知道如何合理地增加投入便可获得更好的运营效果。

【实例 1】

A 网店是一家新开的网店（淘宝 C 店），开店之初店铺中有 10 款单品，商品的销售均价为 40 元，商品的净成本均价为 20 元，每一款单品的月均销量为 200 件。下面通过成本核算公式计算 A 网店所需的总成本。

根据成本核算公式：总成本 =[1～n]R+O+G+P–[O～nx]S，将相关成本数据代入公式计算如下。

总成本 =[1]0.5万元(一年的平台服务费与保证金)+[1]0.3万元(打印机等设备成本)+[1]2万元(一年的日常推广成本)+[1][48万元(按产品销量进行备货的货品净成本，注：一般要备货一个季度的销售量，才能更好地保证活动和店铺的正常)+0.6万元(指销售过程中可能产生的货品损坏成本，需要根据行业经验去考量)]+[1]1.08万元(库存积压产生的存储成本)+[1]0.8万元(仓库管理成本)+[1]36万元(一年的工资成本)+5.8万元(一年的房屋成本)+4万元(设备投入成本)]+ [1]1.2万元(管理成本) – [0]0万元 =100.28(万元)。

> **提示**
>
> 这里计算的费用是保证一家新店铺正常运营1年所需的预备资金。

按照A网店的经营数据计算，此店铺的年总销售额 =10×200×0.004×12=96(万元)，年总成本 =100.28(万元)，由此可见A网店第1年的经营处于一个亏损的状态，如果A网店想要盈利，可以按照以下方法调整店铺的运营方案。

①在网店的规模较小时，降低硬件投入成本和人员成本，如可以采用业务外包的方式(店铺装修、直通车)来降低人力成本。

②提高店铺推广费用，推广费用提高可以有效地提升销量，在销量达到一定程度之前很多固定费用是不会提高的，因此，可以提升店铺的盈利能力。

③建议商家打造属于自己的产品品牌，这样可带来品牌运营成本的降低，并且更容易提升客户的黏性。商家需要通过给客户提供优质的服务来达到占有市场的目的，而不是通过损害产品的利润来占有市场。

④不同行业的环境和要求有所不同，且电商平台政策变化比较快，公式的参数变化还是会比较大的。

## 8.4 电商成本分析

了解了电商成本的构成和成本的核算公式(ROPG)，便知道如何去控制成本了。要降低成本就需要把各成本的部分做精细化控制。

由于平台成本是官方制定的，很难由商家控制，所以这部分成本通常被视为不可控的固定成本。但运营成本、货品成本和人力成本都可以由商家控制。知道了每部分成本控制的因素，就可以很方便地计算电商成本，并根据影响成本的因素来控制成本。下面详细介绍控制各部分成本的一些方法和措施。

## 8.4.1 运营成本的控制

运营成本在电商公司成本中占比较大,但这些运营推广成本又是很透明的,如直通车、钻石展位等,钱是百分百都花出去了,但如何考核?应该对运营推广人员建立业绩考核奖励制度,流量越多,转化率越高,平均每个流量的成本越低越好。例如,去年10月直通车推广花费2万元,引来2万流量,今年直通车推广花2万元,要求引来2.2万流量,达到要求后给予一定的奖励,提升比例越大,奖励越多。当然这不是推广人员单方面的,对于视觉和内容也有要求,流量进来了,如何转化,就需要其他部门的密切配合,也要对其他部门进行相应的考核。

当网店发展到一定阶段以后,往往就需要通过有效的营销推广方式来吸引客户进店购物。商家在进行营销推广时,除了应该考虑推广的方式和推广的效果以外,还应该关注推广的成本。下面就以淘宝网店的付费推广方式为例,讲解不同付费推广方式的成本分析。

【实例2】

淘宝网店最常用的付费推广方式主要是直通车、钻石展位以及淘宝客。Y淘宝网店对店铺最近30天付费推广的成本、成交额、利润以及成本利润率等数据指标进行了统计,如表8-1和图8-2所示。

表8-1 不同推广方式的成本数据指标

| 推广方式 | 成本/元 | 成交额/元 | 利润/元 | 成本利润率 |
|---|---|---|---|---|
| 直通车 | 352.15 | 611.7 | 259.55 | 73.7% |
| 钻石展位 | 459.3 | 530.88 | 71.58 | 15.6% |
| 淘宝客 | 161.29 | 288.69 | 127.4 | 78.99% |
| 其他 | 82.65 | 125.17 | 42.52 | 51.45% |

> **提示** 利润与利润率的计算公式
> 
> 利润的计算公式如下。
> 
> $$利润 = 成交额 - 成本$$
> 
> 利润率的计算公式如下。
> 
> $$利润率 = (成交额 - 成本) \div 成本 \times 100\%$$

根据表8-1和图8-2对Y淘宝网店不同推广方式下的推广成本进行分析可以发现,

钻石展位的推广成本最高，其次是直通车。如果再结合成本利润率进行分析可以发现，虽然钻石展位的推广成本最高，但成本利润率却是最低的，直通车和淘宝客的成本利润率相对较高。

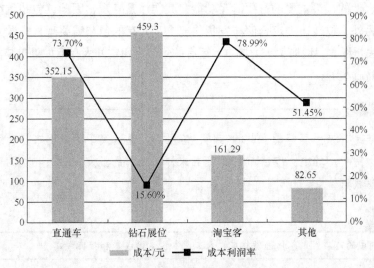

图 8-2　推广成本和成本利润率

Y 淘宝网店可以根据分析结果对店铺的推广方式进行适当调整，原则是减少成本利润率较低的项目投入，增加成本利润率较高的项目投入，对于成本利润率不太高的项目，则可以尝试加大投入，以观后效。据此原则，首先可以降低钻石展位的推广成本；其次，可以加大直通车和淘宝客的推广成本，尤其是淘宝客；最后，适当增加其他推广方式的推广成本。

在网店运营过程中，盲目进行推广肯定是不行的。商家需要定期对网店的推广进行有效的数据分析，找到推广方式、推广效果和推广成本三者之间的平衡点，挖掘出最优的推广方式，再对网店的推广方案进行有目的、有方向的战略调整。

## 8.4.2　货品成本的控制

货品成本肯定是成本中最大的部分，这部分的成本控制主要是控制采购成本，如果有优质的供应链，就可以大大降低货品的成本，这就得对采购人员进行合理考核。例如，采购人员节约货品成本 10 万元，奖励 1 万元，这样可以激励采购人员挖掘更多的优质供货商，从而大大降低货品成本。

当然，我们还是要尽量降低物流、仓储、包装方面的成本。现在的快递费用确实没有压缩的空间了,但包装、设计、物料这块还有很多可以节省的。例如,袜子包装,做活动时使用3角一个的简易包装袋即可,而平销时使用的是2元一个的纸盒。不同的包装材料其价格也不相同,如同样是纸盒,使用纸板和使用瓦楞纸盒的差价很大。由于包装都是一次性的,最重要的是要满足功能,其次才是外观,因此,包装重在设计,而不是材料。另外,包装还决定仓储与发货的成本,如有的包装需要现折,做大活动时就要很多人手去折纸盒,增加了人力成本;还有的包装占用空间大,但如果包装占用空间小,就省了仓储成本了。

【实例3】

A网店是一家主要经营女鞋的店铺,店主主要通过线下的批发市场和线上的批发商城两种渠道进货。其中,店铺60%的商品来源于线下的批发市场,40%的商品来源于线上的批发商城。

> **提示**
> 
> 本案例中的商品成本包括进货货本、人工成本、运输成本和损耗成本。

在线下的批发市场进货,除了进货成本以外,会产生一定的人工成本;而在线上的批发商城,除了进货成本以外,会产生一定的运输成本和损耗成本。因此,A网店商品成本的构成如图8-3所示。

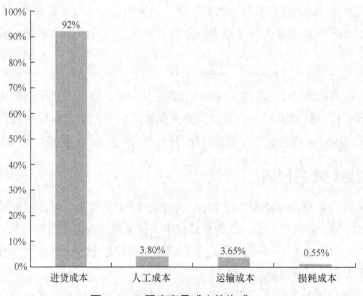

图8-3 A网店商品成本的构成

假设A网店某次进货的商品总成本为10 000元，根据店铺商品成本的构成比例，可以计算出A网店两种不同进货渠道相对应的商品成本。

A网店通过线下的批发市场进货所产生的进货成本为10 000×92%×60%=5 520（元），其中人工成本为10 000×3.8%=380（元）。

A网店通过线上的批发商城进货所产生的进货成本为10 000×92%×40%=3 680（元），其中运输成本为10 000×3.65%=365（元），损耗成本为10 000×0.55%=55（元）。

将A网店两种不同进货渠道相对应的商品成本整理成表，如表8-2所示。

表8-2 两种不同进货渠道的商品成本

| 进货渠道 | 进货成本/元 | 人工成本/元 | 运输成本/元 | 损耗成本/元 |
| --- | --- | --- | --- | --- |
| 线下的批发市场 | 5 520 | 380 | — | — |
| 线上的批发商城 | 3 680 | — | 365 | 55 |

根据两种不同进货渠道的商品成本，可以进一步计算出两种不同进货渠道的进货成本消耗率。本例中，从线下的批发市场进货的成本消耗率为380÷5 520×100%=6.88%；从线上的批发商城进货的成本消耗率为（365+55）÷3 680×100%=11.41%。通过两种不同进货渠道的进货成本消耗率计算结果可以看到线上的批发商城进货的成本消耗率为11.41%，高于线下的批发市场进货的成本消耗率6.88%。因此，为了降低商品成本，A网店可以考虑适当减少店铺在线上的批发商城进货的比例。

## 8.4.3 人力成本的控制

人力成本主要是对人员工资成本这部分的控制，管理上要做到各司其职，紧密配合，提高效率，激励机制和制度上落实，各部门必须完成自己部门的关键绩效指标（Key Performance Indicators，KPI）。考核方式不同，其效果也不相同。例如，视觉部门的工资考核，可分成基础工资与绩效工资两部分，基础工资就是固定的一个岗位工资，绩效工资则按工作内容来核算，每个内容制定不同的价格，使用了则计费，没有使用则不计费用。例如，商品主图、直通车图60元1个，海报400元1个，这样做的目的就是要提高美工人员的积极性和主观能动性，提高美工人员的工作质量，从而提高了产品的转化率。

电商企业应该考虑渠道的创新和新媒体下的精细化运营，提升自身品牌的调性，然后做平台类推广，便可大大节约成本。

【实例4】

对于一家网店而言，固定成本主要包括办公场地租金、员工工资、网络信息费以及其他办公费用等。例如，某网店现有3名客服人员，1名数据运营人员，1名美工人员，店主对网店最近3个月的固定成本进行了数据统计分析，如表8-3所示。

> **提示**
>
> 本案例分析固定成本，将人力成本归入固定成本。

表 8-3　某网店固定成本数据统计

| 月份 | 办公场地租金 / 元 | 员工工资 / 元 | 网络信息费 / 元 | 其他办公费用 / 元 | 合计 / 元 |
| --- | --- | --- | --- | --- | --- |
| 3 月 | 4 500 | 21 845 | 150 | 521.36 | 27 016.36 |
| 4 月 | 4 500 | 21 913 | 150 | 489.17 | 27 052.17 |
| 5 月 | 4 500 | 22 300 | 150 | 496.28 | 27 446.28 |

根据表 8-3 中的固定成本数据统计，可以发现该网店的办公场地租金和网络信息费是固定不变的，而员工工资和其他办公费用会有小幅度的变动。一般来说，员工的工资与店铺的销售业绩紧密相关，员工的工资越高表示店铺的销售业绩越好，因此网店的店主可以为员工制定 KPI 绩效考核制度，以此来激励员工，使其能够为店铺带来更多的利润。其他办公费用主要是指一些日常办公用品的购置费用，以及办公设备的折旧费用等。店铺通过控制办公用品的购入量，并且尽量降低办公设备的人为损耗，可以有效降低店铺的其他办公费用。

## 8.5　网店利润预测与分析

利润预测是指在销售预测的基础上，根据店铺的目标和其他相关因素，对店铺未来应当达到和可望实现的利润水平及其变动趋势做出的预计和估算。

利润预测与分析是网店运营过程中非常关键的一个环节。商家需要根据影响网店利润的关键因素，对网店利润的变化趋势进行合理的预测和分析。网店利润预测分析方法包括线性预测法、指数预测法和图表预测法。

### 8.5.1　线性预测法

线性预测法又称为回归分析预测法，是用来确定两个变量之间的关系的一种数据建模工具。线性预测法经常用于根据已知变量估计和预测因变量的平均值，也就是预测一个变量随另一个变量变化的趋势。

在 Excel 中，可以用 TREND 函数来进行线性预测，该函数可返回线性回归拟合线的相关参数值，即根据已知 x 序列的值和 y 序列的值，构造线性回归直线方程，然后根据构造好的直线方程，计算 x 值序列对应的 y 值序列。其语法表达式如下所示。

TREND（known_y's, known_x's, new_x's, const）

【参数详解】

known_y's：表示已知的 y 值。使用函数时，该函数可以是数组，也可以是指定单元格区域。

known_x's：表示已知的 x 值。使用函数时，该函数可以是数组，也可以是指定单元格区域。

new_x's：表示给出的新的 x 值，即需要计算预测值的变量 x。

const：表示一个逻辑值，用来确定是否将指数曲线方程中的常量 b 设为 0。

【实例 5】

Z 网店是一家专门销售户外用品的店铺，该网店的数据运营人员对店铺 1—3 月的成交量、商品成本、推广成本和固定成本进行了统计，并制定了店铺 4—6 月的销售目标，如图 8-4 所示。下面使用线性预测法来预测 4—6 月的商品成本、推广成本和固定成本，并分析上半年（1—6 月）的利润。

| | A | B | C | D | E | F |
|---|---|---|---|---|---|---|
| 1 | 月份 | 成交量 | 商品成本/元 | 推广成本/元 | 固定成本/元 | |
| 2 | 1月 | 410 | 15459 | 1130 | 27650 | |
| 3 | 2月 | 294 | 10291 | 850 | 28946 | |
| 4 | 3月 | 439 | 17830 | 1560 | 26780 | |
| 5 | 4月 | 450 | | | | |
| 6 | 5月 | 500 | | | | |
| 7 | 6月 | 550 | | | | |
| 8 | 合计 | | | | | |
| 9 | | | | | | |
| 10 | | | | | | |

图 8-4  Z 网店 1—3 月成交量与各项成本以及 4—6 月销售目标

【解析】

根据 Z 网店运营人员指定的销售目标，对店铺 4—6 月的商品成本、推广成本和固定成本进行预测，最后计算并分析 1—6 月的利润。

由于线性预测法常用于预测一个变量随着另一个变量的变化而变化的趋势，TREND 函数可构造一个 x、y 序列的线性方程，因此可使用线性预测法分别对商品成本、推广成本和固定成本进行预测。

【步骤】

**1. 预测 4—6 月的商品成本**

首先对 4—6 月的商品成本进行预测,具体操作步骤如下。

①在 Excel 表中选中需要进行预测计算的 C5:C7 单元格区域,然后在"公式"选项卡中单击"插入函数"按钮,如图 8-5 所示。

图 8-5　单击"插入函数"按钮

②弹出"插入函数"对话框,在"或选择类别"下拉列表框中选择"统计"选项,在"选择函数"列表框中选择"TREND",然后单击"确定"按钮,如图 8-6 所示。

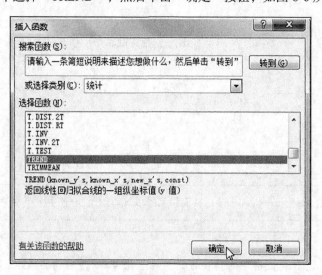

图 8-6　"插入函数"对话框

③设置函数参数值。弹出"函数参数"对话框,在"Know_y's"文本框中输入"C2:C4",在"Know_x's"文本框中输入"B2:B4",在"New_x's"文本框中输入"B5:B7",最后单击"确定"按钮,如图 8-7 所示。

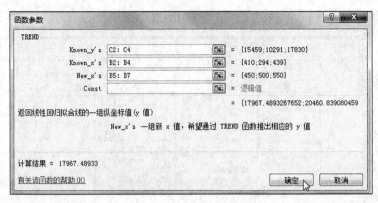

图 8-7 设置函数参数值

④显示预测结果。选中 C5 单元格,将鼠标指针悬浮在 C5 单元格的右下角,当出现十字光标时,向下拖曳至 C7 单元格,完成公式复制,即可显示 4—6 月商品成本的预测结果,如图 8-8 所示。

| | A | B | C | D | E |
|---|---|---|---|---|---|
| 1 | 月份 | 成交量 | 商品成本/元 | 推广成本/元 | 固定成本/元 |
| 2 | 1月 | 410 | 15459 | 1130 | 27650 |
| 3 | 2月 | 294 | 10291 | 850 | 28946 |
| 4 | 3月 | 439 | 17830 | 1560 | 26780 |
| 5 | 4月 | 450 | 17967.4893 | | |
| 6 | 5月 | 500 | 20688.2135 | | |
| 7 | 6月 | 550 | 23107.2284 | | |
| 8 | 合计 | | | | |
| 9 | | | | | |

图 8-8 显示预测结果

> **提示**
> 按照相同的方法即可预测出 Z 网店 4—6 月的推广成本和固定成本。这里也可以采用快捷方式计算 Z 网店 4—6 月的推广成本和固定成本,即在编辑栏中直接输入 TREND 函数公式。

**2. 预测 4—6 月的推广成本**

选中单元格区域 D5:D7,在编辑栏中输入"=TREND(D2:D4,B2:B4,B5:B7)",如图 8-9 所示。然后按 Enter 键即可得到 4 月的推广成本预测结果,复制 D5 单元格的公式至 D7 单元格,即可得到 4—6 月的推广成本预测结果。

图 8-9 在编辑栏中输入 TREND 函数公式

### 3. 预测 4—6 月的固定成本

选中单元格区域 E5：E7，在编辑栏中输入"=TREND（E2:E4,B2:B4,B5:B7）"，然后按 Enter 键即可得到 4 月的固定成本预测结果，复制 E5 单元格至 E7 单元格，即可得到 4—6 月的固定成本预测结果。

### 4. 利润分析

①统计 1—6 月的成交量、商品成本、推广成本和固定成本的值。

选中 B8 单元格，在编辑栏中输入公式"=SUM（B2:B7）"，按 Enter 键即可计算出 Z 网店 1—6 月的成交总量。复制公式至 E8 单元格，可以分别预测出 Z 网店 1—6 月商品成本、推广成本和固定成本的总值，如图 8-10 所示。

图 8-10 Z 网店上半年成交量与各项成本的预测结果

②假设Z网店的成交均价为150元，商家可以利用网店上半年成交量与各项成本的预测结果计算出网店上半年的预计总销售额、预计总成本、预计利润以及预计成本利润率如下所示：

Z网店上半年的预计总销售额：$2\,643 \times 150 = 396\,450$（元）；

Z网店上半年的预计总成本：$105\,342.93 + 8\,701.75 + 161\,610.74 = 275\,655.42$（元）；

Z网店上半年的预计利润：$396\,450 - 275\,655.42 = 120\,794.58$（元）；

Z网店上半年的预计成本利润率：$120\,794.58 \div 275\,655.42 \times 100\% = 43.82\%$。

【分析总结】

线性变量是根据自变量$x$和因变量$y$之间的变化关系，建立$x$与$y$的线性方程进行预测的一种方法。由于影响店铺利润的因素很多，因此，数据分析人员在运用线性预测法对店铺利润进行分析时，只有选择众多影响因素中对利润（因变量$y$）影响最大的因素作为自变量（$x$），这样预测出来的数据才相对准确。

### 8.5.2 指数预测法

指数预测法是指对符合指数增长规律的一组观测数据建立指数曲线方程，并以此作为预测的数学模型来推测、估算其发展趋势的方法。指数预测法的适用条件是，预测对象的增长趋势近似于指数函数曲线，而且判断它在预测期限内不会突然出现变化。

在网店利润预测中，指数预测法主要用于预测商品成交量随着时间的变化而按照某种增长率不断增加或减少的变化趋势。数据分析人员可以根据网店的相关数据建立其指数曲线方程，并建立其数学建模，以此来预测网店利润的发展基本趋势。

【实例6】

本例题干同实例5，利用LOGEST函数预测Z网店4—6月各项成本。

【解析】

根据Z网店运营人员制定的销售目标，对店铺4—6月的商品成本、推广成本和固定成本进行预测。

在网店利润预测中，可以使用Excel中的LOGEST函数来进行指数预测，LOGEST函数的作用是在回归分析中，计算出最符合数据的数据回归拟合曲线，并返回描述该曲线的数值数组。因此可使用LOGEST函数分别对商品成本、推广成本和固定成本进行预测。其语法表达式如下所示。

LOGEST(known_y's, known_x's, const, stats)

【参数详解】

known_y&apos;s：表示满足指数回归拟合曲线 y=bmx 的一组已知 y 值。
known_x&apos;s：表示满足指数回归拟合曲线 y=bmx 的一组已知的 x 值为可选参数。
const：表示一个逻辑值，用于指定是否将常数 b 强制设为 1。
stats：表示一个逻辑值，指定是否返回附加回归统计值。

【步骤】

### 1. 预测 4—6 月的商品成本

在 C5 单元格中输入公式 "=INDEX（LOGEST（\$C\$2：\$C\$4，\$B\$2：\$B\$4），2）*INDEX（LOGEST（\$C\$2：\$C\$4，\$B\$2：\$B\$4），1）^B5"，按 Enter 键即可得到 4 月的商品成本预测结果，复制 C5 单元格的公式至 C7 单元格，即可得到 Z 网店的 4—6 月商品成本的预测结果，如图 8-11 所示。

| | A | B | C | D | E |
|---|---|---|---|---|---|
| 1 | 月份 | 成交量 | 商品成本/元 | 推广成本/元 | 固定成本/元 |
| 2 | 1月 | 410 | 15459 | 1130 | 27650 |
| 3 | 2月 | 294 | 10291 | 850 | 28946 |
| 4 | 3月 | 439 | 17830 | 1560 | 26780 |
| 5 | 4月 | 450 | 18285.0778 | | |
| 6 | 5月 | 500 | 22011.6398 | | |
| 7 | 6月 | 550 | 26497.688 | | |
| 8 | 合计 | | | | |

图 8-11　Z 网店的 4—6 月商品成本的预测结果

### 2. 预测 4—6 月的推广成本和固定成本

按照相同的方法，在编辑栏中直接输入 LOGEST 函数公式，即可预测出 Z 网店 4—6 月的推广成本和固定成本。

①预测 4—6 月的推广成本：在 D5 单元格中输入公式 "=INDEX（LOGEST（\$D\$2:\$D\$4,\$B\$2:\$B\$4），2）*INDEX（LOGEST（\$D\$2:\$D\$4,\$B\$2:\$B\$4），1）^B5"，按 Enter 键即可得到 4 月的推广成本预测结果，复制 D5 单元格的公式至 D7 单元格，即可得到 Z 网店的 4—6 月推广成本的预测结果。

②预测 4—6 月的固定成本：在 D5 单元格中输入公式 "=INDEX（LOGEST（\$E\$2:\$E\$4,\$B\$2:\$B\$4），2）*INDEX（LOGEST（\$E\$2:\$E\$4,\$B\$2:\$B\$4），1）^B5"，按 Enter 键即可得到 4 月的推广成本预测结果，复制 D5 单元格的公式至 D7 单元格，即可得到 Z

网店的 4—6 月固定成本的预测结果。

③计算各项成本总值：选中 B8 单元格，在编辑栏中输入公式"=SUM（B2:B7）"，按 Enter 键计算出 Z 网店 4—6 月的成交总量预测结果，复制公式至 E8 单元格可得出 Z 网店 4～6 月的商品成本、推广成本和固定成本的总值，如图 8-12 所示。

| | A | B | C | D | E |
|---|---|---|---|---|---|
| 1 | 月份 | 成交量 | 商品成本/元 | 推广成本/元 | 固定成本/元 |
| 2 | 1月 | 410 | 15459 | 1130 | 27650 |
| 3 | 2月 | 294 | 10291 | 850 | 28946 |
| 4 | 3月 | 439 | 17830 | 1560 | 26780 |
| 5 | 4月 | 450 | 18285.0778 | 1476.35443 | 26843.3059 |
| 6 | 5月 | 500 | 22011.6398 | 1775.7089 | 26185.8316 |
| 7 | 6月 | 550 | 26497.688 | 2135.76228 | 25544.4608 |
| 8 | 合计 | 2643 | 110374.406 | 8927.8256 | 161949.598 |
| 9 | | | | | |

图 8-12　Z 网店上半年成交量与各项成本的预测结果

指数预测法只适用于短期预测，不能用于对长时期范围内的对象进行预测。由于市场在不同时期呈现不同的变化形态，不同时期商品的成交量也会有所不同，任何一个商品的成交量不可能长期保持固定不变的增长率。

### 8.5.3　图表预测法

图表预测法就是通过对数据源的分析，然后根据数据源创建预测图表，并在图表中插入趋势线，最后通过对趋势线的分析来预测数据的走向趋势。

图表预测法是直接利用网店已知的各项总成本对店铺未来几个月的总成本进行预测，使商家能够很直观地根据预测的数据结果分析店铺的盈利情况。

【实例7】

本例题干同实例 5，使用图表预测法预测 Z 网店 4—6 月各项成本。

【解析】

使用图表预测法来预测网店的利润，首先需要根据网店的实际运营情况在 Excel 表中创建成交量分析图表，并且对图表进行分析。Z 网店 4—6 月各项成本。

【步骤】

**1．计算网店 1—3 月的总成本**

在 Excel 表的 F2 单元格中输入计算公式"=SUM（C2:E2）"，按 Enter 键即可得到 1 月的总成本，再向下复制公式，即可得到 Z 网店 1—3 月的总成本，如图 8-13 所示。

| | A | B | C | D | E | F |
|---|---|---|---|---|---|---|
| 1 | 月份 | 成交量 | 商品成本/元 | 推广成本/元 | 固定成本/元 | 成本合计/元 |
| 2 | 1月 | 410 | 15459 | 1130 | 27650 | 44239 |
| 3 | 2月 | 294 | 10291 | 850 | 28946 | 40087 |
| 4 | 3月 | 439 | 17830 | 1560 | 26780 | 46170 |
| 5 | 4月 | 450 | | | | |

图 8-13　Z 网店 1—3 月的总成本

### 2. 创建"趋势线"

①选中 F1：F4 单元格区域，然后在"插入"选项卡下的"图表"组中，单击"散点图"按钮，插入图表，如图 8-14 所示。

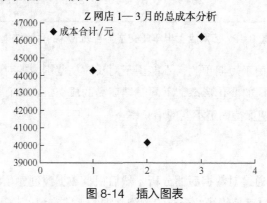

图 8-14　插入图表

②选中图表，将"图表工具"切换至"设计"选项卡，在"图表布局"组中单击右侧的下拉按钮，然后在展开的下拉列表框中选择带有"趋势线"的布局，如图 8-15 所示。

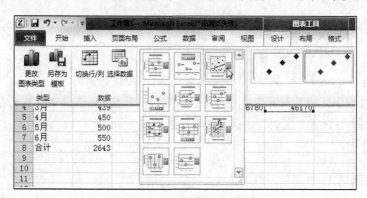

图 8-15　为图表添加趋势线

③在添加了趋势线的图表中，选中趋势线并右击，在弹出的快捷菜单中选择"设置

趋势线格式"命令，如图 8-16 所示。

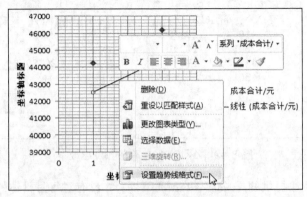

图 8-16 选择"设置趋势线格式"命令

④弹出"设置趋势线格式"对话框，在"趋势线选项"选项卡下勾选"显示公式"和"显示 R 平方值"复选框，如图 8-17 所示。设置完成后，就可以看到图表中的趋势线位置处显示了使用的线性公式和 $R^2$ 值，如图 8-18 所示。

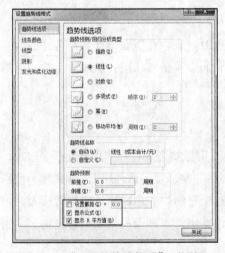

图 8-17 "设置趋势线格式"对话框

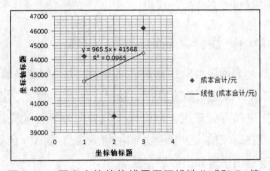

图 8-18 图表中的趋势线显示了线性公式和 $R^2$ 值

### 3. 预测 4—6 月的总成本

创建线性趋势线预测的区域，根据图表中显示的线性公式"y=965.5x ＋ 41568"与 $R^2$ 值"0.0965"，在 F5 单元格中输入公式"=965.5*B5 ＋ 41568"，按 Enter 键计算出 4 月的预测总成本；向下复制公式至 F7 单元格，即可得到 Z 网店 4—6 月的预测总成本，如图 8-19 所示。

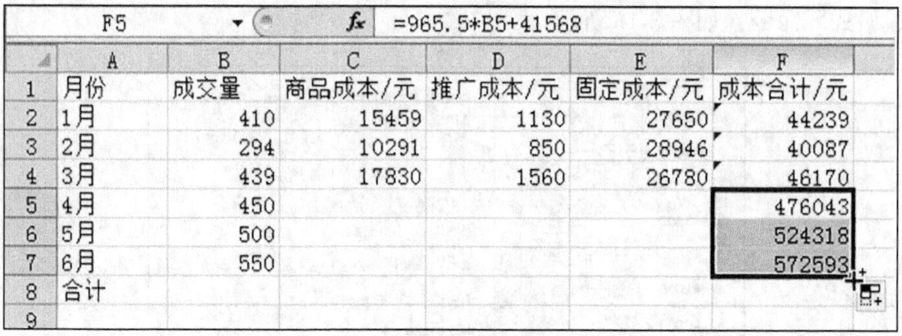

|   | A | B | C | D | E | F |
|---|---|---|---|---|---|---|
| 1 | 月份 | 成交量 | 商品成本/元 | 推广成本/元 | 固定成本/元 | 成本合计/元 |
| 2 | 1月 | 410 | 15459 | 1130 | 27650 | 44239 |
| 3 | 2月 | 294 | 10291 | 850 | 28946 | 40087 |
| 4 | 3月 | 439 | 17830 | 1560 | 26780 | 46170 |
| 5 | 4月 | 450 |   |   |   | 476043 |
| 6 | 5月 | 500 |   |   |   | 524318 |
| 7 | 6月 | 550 |   |   |   | 572593 |
| 8 | 合计 |   |   |   |   |   |

F5 =965.5*B5+41568

图 8-19　Z 网店 4—6 月的预测总成本

由于图表预测法提供的是总成本的预测结果，并没有对每月具体的各项成本进行预测分析，因此，通过图表预测法商家只能预测店铺未来几个月的总成本，无法判断具体是哪项成本出现了问题。而且店铺的商品通常受市场供求关系的影响很大，因此，图表预测法仅适用于成本增长或降低比较稳定的商品的预测。

## 8.6　使用 Excel 制作网店财务表格

网店交易过程中会涉及各种资金管理问题，这时商家往往需要借助各种各样的财务表格来帮助自己清晰地掌握网店的成本、费用、利润以及销售状况，从而为后续的店铺经营制定合理的规划。

### 8.6.1　制作网店进销存管理表

当网店经营达到一定规模后，每天的商品管理、财务状态统计等工作就逐渐多起来。如果手工进行数据查找、登记、计算、汇总工作，将非常麻烦。而利用 Excel 创建一份网店进销存管理表，则可以十分方便且轻松地完成这个事情。利用网店进销存管理表，可以在商家输入进货业务或销售业务数据时，自动计算出每一种商品的当前总进货量、当前总销售量和当前库存量。

**1. 创建需要的表格数据**

"进货"工作表、"销售"工作表和"进销存自动统计"工作表均创建在一个工作簿内，并根据当前的销售状态输入相应的表格数据，再以"进销存自动统计系统"为文件名称将此工作簿保存。相关操作步骤如下。

①新建一张空的 Excel 工作簿，双击 3 张工作表标签，将其分别修改为"进货""销售""进销存自动统计"，并将其保存，如图 8-20 所示。

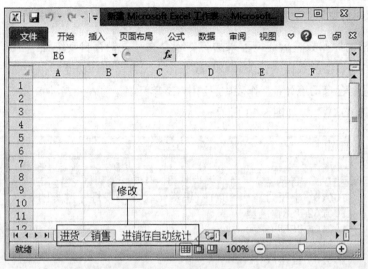

图 8-20　修改工作表名称

②分别在“进货”工作表和“销售”工作表中输入表格数据，如图 8-21 所示。

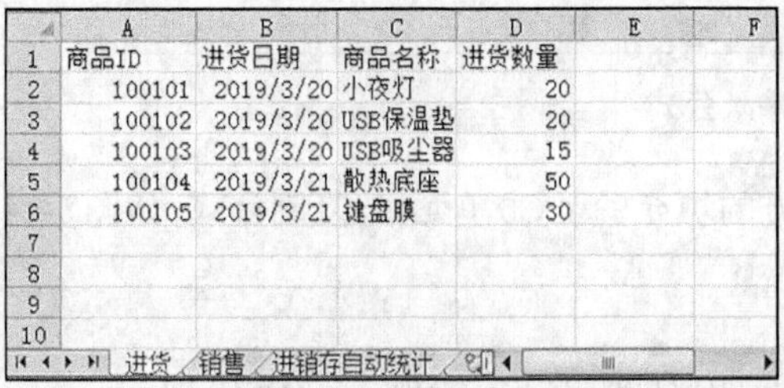

| 商品ID | 进货日期 | 商品名称 | 进货数量 |
|---|---|---|---|
| 100101 | 2019/3/20 | 小夜灯 | 20 |
| 100102 | 2019/3/20 | USB保温垫 | 20 |
| 100103 | 2019/3/20 | USB吸尘器 | 15 |
| 100104 | 2019/3/21 | 散热底座 | 50 |
| 100105 | 2019/3/21 | 键盘膜 | 30 |

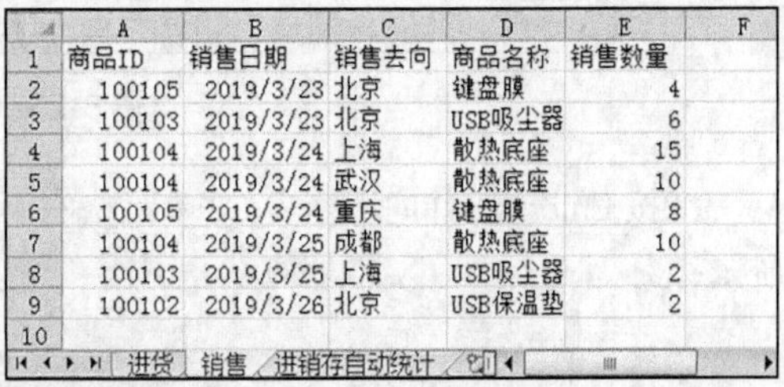

| 商品ID | 销售日期 | 销售去向 | 商品名称 | 销售数量 |
|---|---|---|---|---|
| 100105 | 2019/3/23 | 北京 | 键盘膜 | 4 |
| 100103 | 2019/3/23 | 北京 | USB吸尘器 | 6 |
| 100104 | 2019/3/24 | 上海 | 散热底座 | 15 |
| 100104 | 2019/3/24 | 武汉 | 散热底座 | 10 |
| 100105 | 2019/3/24 | 重庆 | 键盘膜 | 8 |
| 100104 | 2019/3/25 | 成都 | 散热底座 | 10 |
| 100103 | 2019/3/25 | 上海 | USB吸尘器 | 2 |
| 100102 | 2019/3/26 | 北京 | USB保温垫 | 2 |

图 8-21　输入表格数据

③切换到“进销存自动统计”工作表，输入需要统计的表头（数据标题）以及商品 ID 项和商品名称项的数据，如图 8-22 所示。

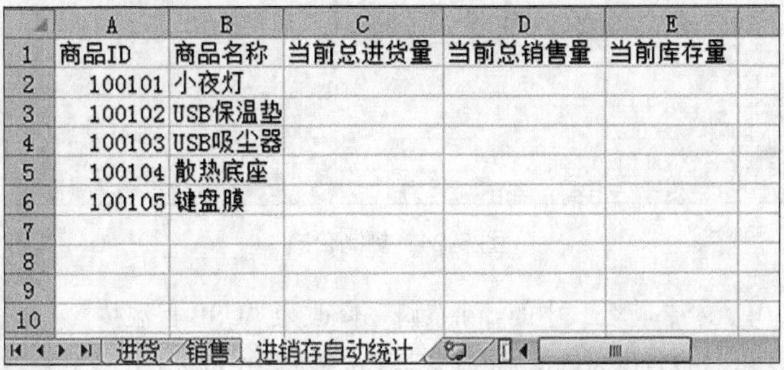

| 商品ID | 商品名称 | 当前总进货量 | 当前总销售量 | 当前库存量 |
|---|---|---|---|---|
| 100101 | 小夜灯 | | | |
| 100102 | USB保温垫 | | | |
| 100103 | USB吸尘器 | | | |
| 100104 | 散热底座 | | | |
| 100105 | 键盘膜 | | | |

图 8-22　在“进货存自动统计”工作表中输入需要统计的数据项

## 2. 定义统计公式

有了表格的原始数据后，接下来的工作就是在"进销存自动统计"工作表中定义统计公式，让各个表格的数据变化能够联动起来，实现自动统计功能。相关操作步骤如下。

①在"进销存自动统计"工作表中，选中 C2 单元格，输入公式"=SUMIF( 进货 !C:C," 小夜灯 ", 进货 !D:D)"，如图 8-23 所示。

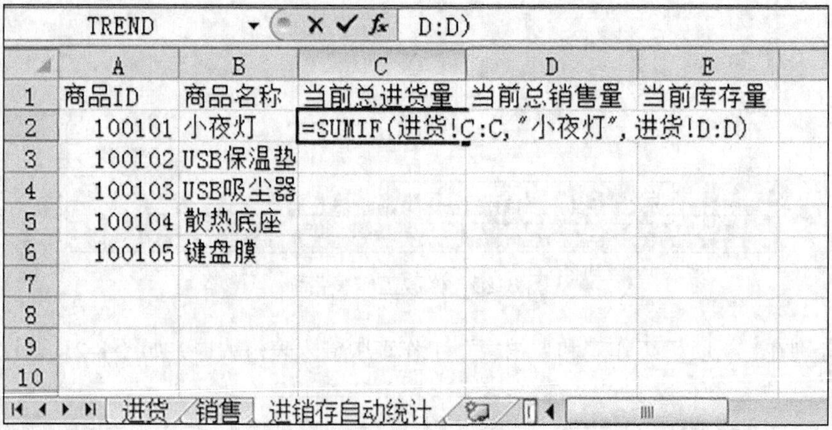

图 8-23　输入公式

②按 Enter 键，并向下拖曳 C2 单元格右下方的填充柄至 C6 单元格，复制公式，如图 8-24 所示。

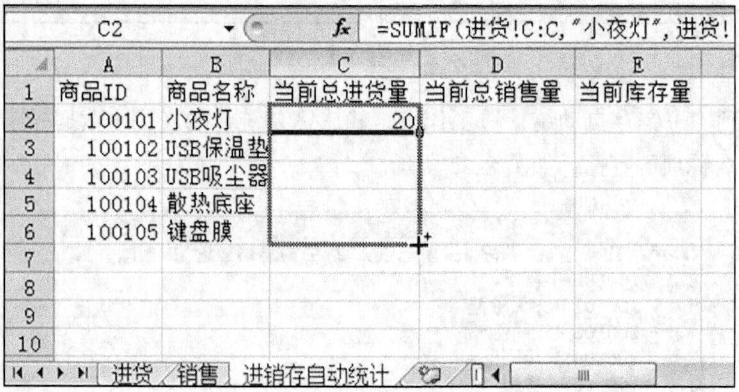

图 8-24　复制公式

③选中 C3 单元格，将公式中的"小夜灯"修改为"USB 保温垫"，如图 8-25 所示。按照同样的方法以商品名称为依据修改 C4 至 C6 单元格中的公式。公式修改完成后的"当前总进货量"数据如图 8-26 所示。

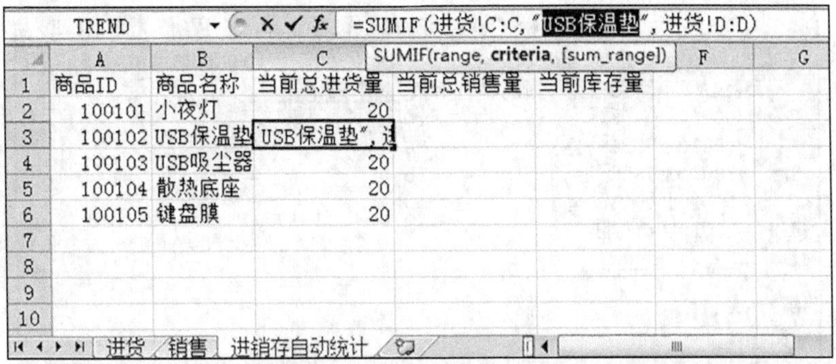

图 8-25　修改"进销存自动统计"工作表中的"进货"公式

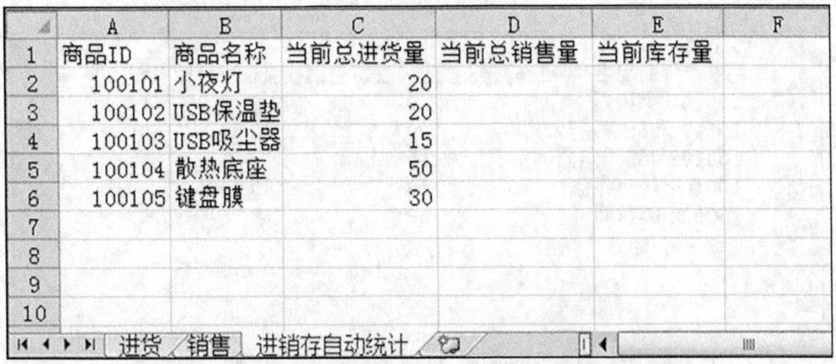

图 8-26　公式修改完成后的"当前总进货量"数据

④选中 C2：C6 单元格区域，向右拖曳 C6 单元格右下方的填充柄至 D 列，复制公式，如图 8-27 所示。

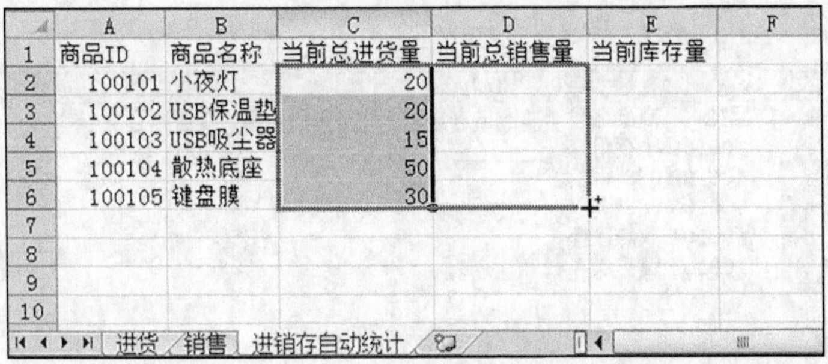

图 8-27　复制公式

⑤选中 D2 单元格，将公式中的"进货"修改为"销售"，如图 8-28 所示。按照同样的方法依次修改 D3 至 D6 单元格公式中的相应数据，公式修改完成后的"当前总销售量"数据如图 8-29 所示。

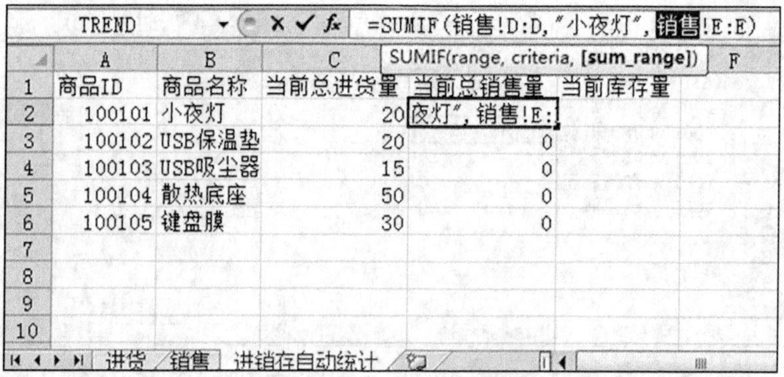


| | A | B | C | D | E | F |
|---|---|---|---|---|---|---|
| 1 | 商品ID | 商品名称 | 当前总进货量 | 当前总销售量 | 当前库存量 | |
| 2 | 100101 | 小夜灯 | 20 | 夜灯",销售!E: | | |
| 3 | 100102 | USB保温垫 | 20 | 0 | | |
| 4 | 100103 | USB吸尘器 | 15 | 0 | | |
| 5 | 100104 | 散热底座 | 50 | 0 | | |
| 6 | 100105 | 键盘膜 | 30 | 0 | | |

图 8-28　修改“进销存自动统计”工作表中的“销售”公式

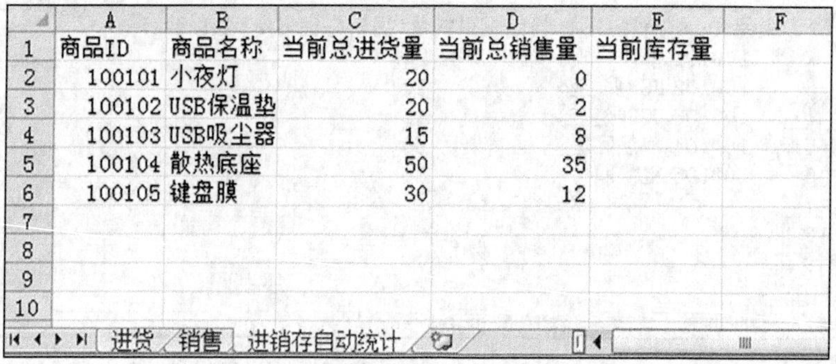


| | A | B | C | D | E | F |
|---|---|---|---|---|---|---|
| 1 | 商品ID | 商品名称 | 当前总进货量 | 当前总销售量 | 当前库存量 | |
| 2 | 100101 | 小夜灯 | 20 | 0 | | |
| 3 | 100102 | USB保温垫 | 20 | 2 | | |
| 4 | 100103 | USB吸尘器 | 15 | 8 | | |
| 5 | 100104 | 散热底座 | 50 | 35 | | |
| 6 | 100105 | 键盘膜 | 30 | 12 | | |

图 8-29　公式修改完成后的“当前总销售量”数据

⑥在“进销存自动统计”工作表中，选中 E2 单元格，输入公式“=C2-D2”，如 7-30 所示。

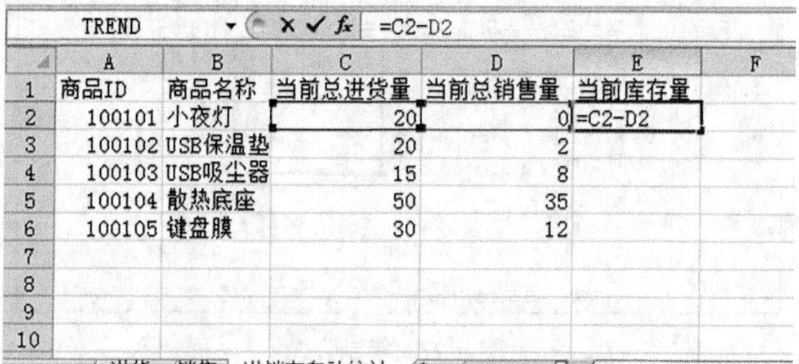


| | A | B | C | D | E | F |
|---|---|---|---|---|---|---|
| 1 | 商品ID | 商品名称 | 当前总进货量 | 当前总销售量 | 当前库存量 | |
| 2 | 100101 | 小夜灯 | 20 | 0 | =C2-D2 | |
| 3 | 100102 | USB保温垫 | 20 | 2 | | |
| 4 | 100103 | USB吸尘器 | 15 | 8 | | |
| 5 | 100104 | 散热底座 | 50 | 35 | | |
| 6 | 100105 | 键盘膜 | 30 | 12 | | |

图 8-30　输入库存量计算公式

⑦按 Enter 键，向下拖曳 E2 单元格右下方的填充柄至 E6 单元格，复制公式，如图 8-31

所示。

| | A | B | C | D | E | F |
|---|---|---|---|---|---|---|
| 1 | 商品ID | 商品名称 | 当前总进货量 | 当前总销售量 | 当前库存量 | |
| 2 | 100101 | 小夜灯 | 20 | 0 | 20 | |
| 3 | 100102 | USB保温垫 | 20 | 2 | | |
| 4 | 100103 | USB吸尘器 | 15 | 8 | | |
| 5 | 100104 | 散热底座 | 50 | 35 | | |
| 6 | 100105 | 键盘膜 | 30 | 12 | | |
| 7 | | | | | | |
| 8 | | | | | | |
| 9 | | | | | | |
| 10 | | | | | | |

进货 / 销售 / 进销存自动统计

图 8-31　复制库存量计算公式

⑧完成后的“进销存自动统计”工作表的效果如图 8-32 所示。

| | A | B | C | D | E | F |
|---|---|---|---|---|---|---|
| 1 | 商品ID | 商品名称 | 当前总进货量 | 当前总销售量 | 当前库存量 | |
| 2 | 100101 | 小夜灯 | 20 | 0 | 20 | |
| 3 | 100102 | USB保温垫 | 20 | 2 | 18 | |
| 4 | 100103 | USB吸尘器 | 15 | 8 | 7 | |
| 5 | 100104 | 散热底座 | 50 | 35 | 15 | |
| 6 | 100105 | 键盘膜 | 30 | 12 | 18 | |
| 7 | | | | | | |
| 8 | | | | | | |
| 9 | | | | | | |
| 10 | | | | | | |

进货 / 销售 / 进销存自动统计

图 8-32　完成后的“进销存自动统计”工作表

## 8.6.2　热销商品利润统计表的制作

店铺的盈利情况往往是商家在经营过程中最关心的问题，通常商品成交量与利润是成正比的，成交量越大，利润越大。不过商品都会有生命周期，在生命周期每个阶段的成交量不同，所形成的利润也会有所不同。下面就以 Z 网店的某款热销运动鞋为例，讲解“热销商品利润统计表”的制作流程和具体方法。

### 1. 创建“热销商品利润统计表”

“热销商品利润统计表”中主要包括商品、周期阶段、时间、成交量以及利润金额等内容，通过查看每个阶段商品的成交情况和所得利润，商家可以很好地制订销售计划。创建“热销商品利润统计表”的相关操作如下。

①在 Excel 中，新建一个名为“热销商品利润统计表”的工作表，在其中输入该热销商品的相关信息，设置行高、列宽属性，如图 8-33 所示。

① 输入热销商品的相关信息,如图8-33所示。

图8-33 输入热销商品的相关信息

② 设置工作表的对齐方式、字体格式等属性,并为表格添加框线,如图8-34所示。

图8-34 设置表格属性并为表格添加框线

③ 选中A1:E1单元格区域,在"开始"选项卡下的"字体"组中单击"填充颜色"的下拉按钮,在弹出的下拉列表框中选择"深蓝,文字2,淡色80%"色块,如图8-35所示,即可填充A1:E1单元格区域的颜色。

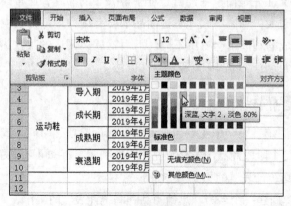

图8-35 选择相应色块

> **小技巧**
>
> 选中 A1：E1 单元格区域并右击，弹出快捷菜单，单击"填充颜色"的下拉按钮，选择相应色块，也可以为单元格填充颜色。

④使用同样的方法，填充其他相关单元格的颜色，完成后的效果如图 8-36 所示。

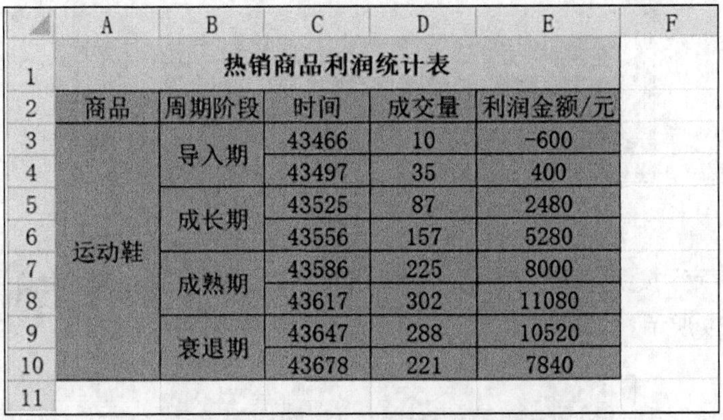

图 8-36　填充其他相关单元格的颜色

⑤选中 E3：E10 单元格区域并右击，在弹出的快捷菜单中选择"设置单元格格式"命令，如图 8-37 所示。

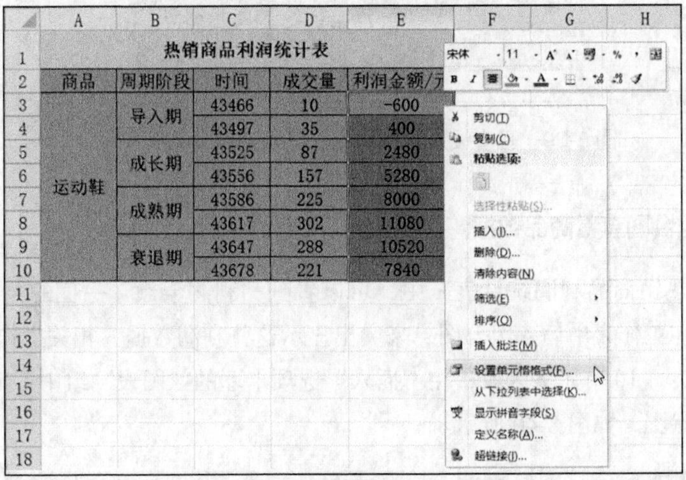

图 8-37　选择"设置单元格格式"命令

⑥弹出"设置单元格格式"对话框，切换到"数字"选项卡，设置"分类"为"货币"，设置"小数位数"为 0，如图 8-38 所示。

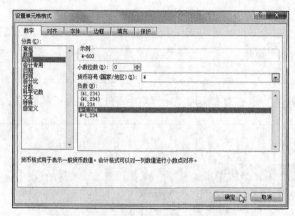

图 8-38　设置货币格式

⑦单击"确定"按钮,即可完成货币格式的设置。设置完成后,"热销商品利润统计表"的效果如图 8-39 所示。

| | A | B | C | D | E | F |
|---|---|---|---|---|---|---|
| 1 | | | 热销商品利润统计表 | | | |
| 2 | 商品 | 周期阶段 | 时间 | 成交量 | 利润金额/元 | |
| 3 | 运动鞋 | 导入期 | 43466 | 10 | ¥-600 | |
| 4 | | | 43497 | 35 | ¥400 | |
| 5 | | 成长期 | 43525 | 87 | ¥2,480 | |
| 6 | | | 43556 | 157 | ¥5,280 | |
| 7 | | 成熟期 | 43586 | 225 | ¥8,000 | |
| 8 | | | 43617 | 302 | ¥11,080 | |
| 9 | | 衰退期 | 43647 | 288 | ¥10,520 | |
| 10 | | | 43678 | 221 | ¥7,840 | |
| 11 | | | | | | |

图 8-39　基本设置完成后的"热销商品利润统计表"

### 2. 设置组合图查看商品数据

创建的"热销商品利润统计表"中,可以看到"利润金额"一栏的数据有正有负。下面就将通过在工作表中插入组合图,来突出显示这些利润数据。相关操作步骤如下。

①选中 B3：E10 单元格区域,在"插入"选项卡下的"图表"组中,单击"柱形图"按钮,插入形状图,如图 8-40 所示。

图 8-40　插入形状图

②在新插入的图表中，选中系列"利润金额/元"图例项并右击，在弹出的快捷菜单中选择"设置数据系列格式"命令，如图 8-41 所示。

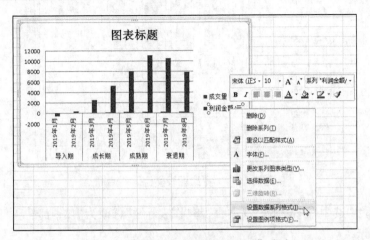

图 8-41　选择"设置数据系列格式"命令

③弹出"设置数据系列格式"对话框，在"系列绘制在"选项区域中，选中"次坐标轴"单选按钮，然后单击"关闭"按钮，如图 8-42 所示。

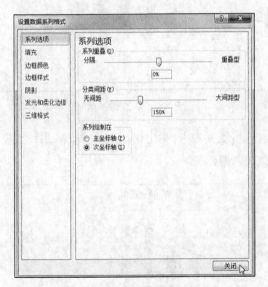

图 8-42　"设置数据系列格式"对话框

④返回图表后，再次选中系列"利润金额/元"图例项并右击，在弹出的快捷菜单中选择"更改系列图表类型"命令。在弹出的"更改图表类型"对话框中，选择"带数据标记的折线图"，并单击"确定"按钮，如图 8-43 所示。

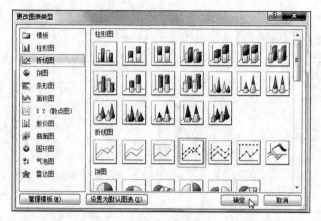

图 8-43 "更改图表类型"对话框

⑤在图表中选中"图表标题"文本框,将"图表标题"修改为"热销商品利润统计分析",如图 8-44 所示。

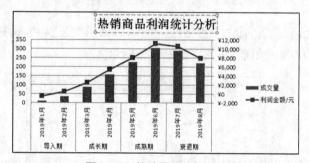

图 8-44 修改图表标题

⑥选择图表中的红色折线并右击,弹出快捷菜单,选择"添加数据标签"命令,如图 8-45 所示,即可在图表中添加数据标签。

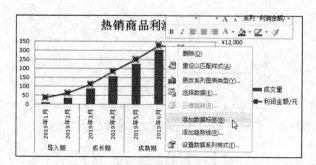

图 8-45 在图表中添加数据标签

⑦选中红色折线上的数据标签并右击,弹出快捷菜单,选择"设置数据标签格式"命令。

弹出"设置数据标签格式"对话框，在"标签位置"选项区域中，选中"靠上"单选按钮，如图 8-46 所示。

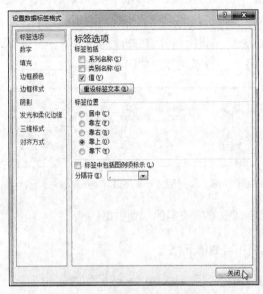

图 8-46　设置数据标签的位置

⑧单击"关闭"按钮，即可完成数据标签位置的设置，效果如图 8-47 所示。

图 8-47　"热销商品利润统计分析"图表的效果

## 8.7　利用数据进行网店利润的规划

网店在经过一段时间的经营后，商家就可以通过实际数据和预测数据的综合对比，对前期所做的网店利润预测结果进行验证和分析了。利润预测数据的准确性将直接影响网店各项成本和利润的规划。下面将以一个实际的案例来讲解如何利用数据进行网店利润的规划，以实现网店利润的最大化。

## 8.7.1 减少推广成本

有效控制成本是提升利润的关键，为了提高网店的利润，商家通常会相应减少店铺的推广成本。例如，S 网店为了保证店铺的推广力度不受影响，商家规定 4—6 月的推广成本不得少于总成本的 3%。同时，店铺在扣除商品成本的情况下，对店铺 1—3 月推广成本和固定成本的相关数据进行了统计，如图 8-48 所示。

| | A | B | C | D | E |
|---|---|---|---|---|---|
| 1 | 月份 | 推广成本/元 | 固定成本/元 | 总成交额/元 | 利润/元 |
| 2 | 1月 | 842 | 15783 | 27839 | 11214 |
| 3 | 2月 | 650 | 11034 | 21059 | 9375 |
| 4 | 3月 | 1025 | 16578 | 30160 | 12557 |
| 5 | 合计 | 2517 | 43395 | 79058 | 33146 |

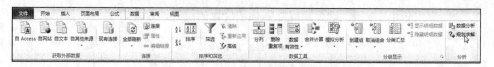

图 8-48 S 网店 1—3 月成本与利润数据统计

下面利用 Excel 计算减少推广成本的规划数据。

### 1. 设置目标单元格和可变单元格

在“数据”选项卡下单击“规划求解”按钮，如图 8-49 所示。如果“数据”选项卡下的工具栏中没有“规划求解”按钮，需要先将“规划求解”工具加载进工具栏中。

图 8-49 单击“规划求解”按钮

弹出“规划求解参数”对话框，设置目标单元格为 E2，选中“最大值”单选按钮；单击“通过更改可变单元格”的折叠按钮，返回工作表中选中 B2 单元格区域，如图 8-50 所示。

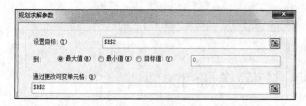

图 8-50 设置目标单元格和可变单元格

### 2. 设置约束条件

在“规划求解参数”对话框中单击“添加”按钮，弹出“添加约束”对话框，将单元格引用区域设为 B2，设置约束条件为"＞＝＄D＄2*0.03"，单击"确定"按钮，如图 8-51 所示。

图 8-51　设置约束条件

### 3. 求解最大值

返回"规划求解参数"对话框，可以看到在"遵守约束"列表框中已经显示了约束条件，单击对话框最下面的"求解"按钮，如图 8-52 所示。

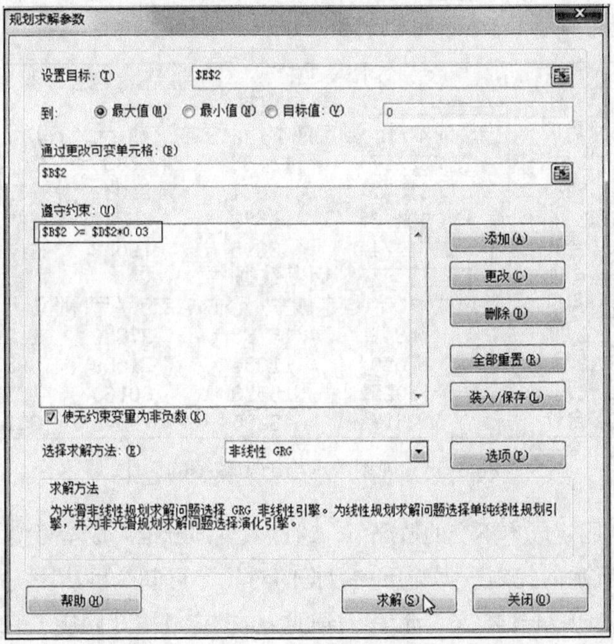

图 8-52　求解最大利润

弹出"规划求解结果"对话框，在对话框中单击"保存方案"按钮，如图 8-53 所示；在弹出的"保存方案"对话框中，输入方案名称"减少推广成本"，并单击"确定"按钮，如图 8-54 所示。

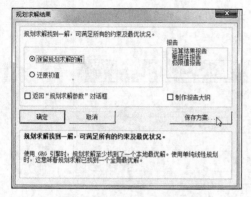
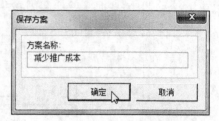

图 8-53 "规划求解结果"对话框　　　　图 8-54 输入方案名称

### 4. 预测其他月份的推广成本

返回工作表中，可以看到 S 网店 1 月的规划推广成本为 835.17 元。按照同样的方法可以计算出 S 网店 2—3 月的规划推广成本。S 网店 1—3 月推广成本的规划数据与历史数据对比如图 8-55 所示。

|   | A | B | C | D | E |
|---|---|---|---|---|---|
| 1 |   | 规划数据 | | | |
| 2 | 月份 | 推广成本/元 | 固定成本/元 | 总成交额/元 | 利润/元 |
| 3 | 1月 | 835.17 | 15783 | 27839 | 11220.83 |
| 4 | 2月 | 631.77 | 11034 | 21059 | 9393.23 |
| 5 | 3月 | 904.8 | 16578 | 30160 | 12677.2 |
| 6 | 合计 | 2371.74 | 43395 | 79058 | 33291.26 |
| 7 |   | 历史数据 | | | |
| 8 | 月份 | 推广成本/元 | 固定成本/元 | 总成交额/元 | 利润/元 |
| 9 | 1月 | 842 | 15783 | 27839 | 11214 |
| 10 | 2月 | 650 | 11034 | 21059 | 9375 |
| 11 | 3月 | 1025 | 16578 | 30160 | 12557 |
| 12 | 合计 | 2517 | 43395 | 79058 | 33146 |

图 8-55 规划数据与历史数据的对比

在总成交额和固定成本不变的情况下，通过减少部分推广成本可增加相应的利润。

根据图 8-55 所示的规划数据与历史数据的对比，可知 S 网店 1—3 月应当减少的推广成本为 2 517–2 371.74=145.26（元），通过减少推广成本 S 网店 1—3 月应该增加的利润为 33 291.26–33 146=145.26（元）。因此参考这一数据，商家在制定网店 4—6 月的利润规划时，如果将 4—6 月的推广成本减少 145.26 元，这 3 个月在其他因素不变的情况下就可多获利 145.26 元。

## 8.7.2 创建规划求解报告

在计算减少推广成本的规划数据时,每求出一个规划数据,都将弹出"规划求解结果"对话框,在对话框的"报告"栏中显示了3种报告类型,即"运算结果报告""敏感性报告""极限值报告",如图8-56所示。规划求解报告能够在第一时间反映相关的核心数据指标,所以商家在求解成本规划数据时,可以不用像图8-53一样保存方案,而是直接创建规划求解报告,以方便自己能够及时判断相关数据存在的问题,并及时做出调整。

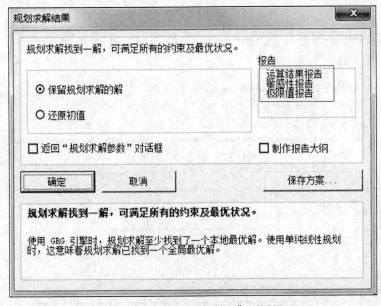

图 8-56 "规划求解结果"对话框

商家可以根据自己实际的分析需求来选择报告的类型。下面以 S 网店 1 月的规划推广成本数据为例,查看其运算结果报告。(由于规划推广成本数据的计算方法与之前一样,这里便不再赘述,直接讲解如何创建规划求解报告。)

①弹出"规划求解结果"对话框后,在"报告"列表框中,选择"运算结果报告"作为创建规划求解报告的类型,单击"确定"按钮,如图 8-57 所示。

②这时 Excel 会自动在当前的工作簿中插入一个名为"运算结果报告"的工作表,用于显示规划求解数据的运算结果,如图 8-58 所示。

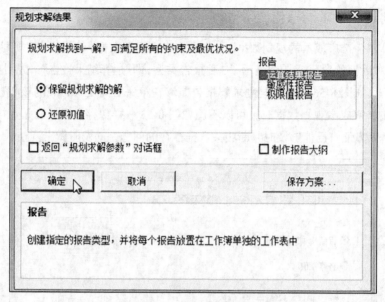

图 8-57　选择报告的类型

目标单元格（最大值）

| 单元格 | 名称 | 初值 | 终值 |
|---|---|---|---|
| $E$2 | 1月 利润/元 | 11214 | 11220.83 |

可变单元格

| 单元格 | 名称 | 初值 | 终值 | 整数 |
|---|---|---|---|---|
| $B$2 | 1月 推广成本/元 | 842 | 835.17 | 约束 |

约束

| 单元格 | 名称 | 单元格值 | 公式 | 状态 | 型数值 |
|---|---|---|---|---|---|
| $B$2 | 1月 推广成本/元 | 835.17 | $B$2>=$D$2*0.03 | 到达限制值 | 0 |

图 8-58　运算结果报告

在图 8-58 所示的运算结果报告中很直观地反映了目标单元格（即 S 网店 1 月的利润划）、可变单元格（即 S 网店 1 月的推广成本）以及约束（即 S 网店 1 月推广成本规划的约束条件）3 项数据指标，并按初值和终值分别来表现 S 网店 1 月的历史数据和规划数据。

通过图 8-58 可知 S 网店 1 月的实际利润为 11 214 元，规划后的利润为 11 220.83 元；而 S 网店 1 月的实际推广成本为 842 元，规划后的推广成本为 835.17 元。如果 S 网店在总成交额和固定成本不变的情况下，1 月的推广成本减少 6.83 元（842 元 –835.17 元），该月即可增加利润 6.83 元（11 220.83 元 –11 214 元）。因此，商家可以参考这一数据来判断网店之前制定的成本规划是否合理，在不影响网店推广力度的情况下，商家可以根据规划数据适当减少推广成本，以增加网店的利润。

## 实践与练习

① Y 网店的店主对网店的历史运营数据进行了统计，发现开店至今，网店的利润涨幅一直不太明显。因此，Y 网店的店主决定对网店下半年的各项成本进行预测。请为 Y 网店的店主制定一份网店利润分析方案。

② 请根据商品不同生命周期的成交量和利润金额，制作一份"网店商品利润统计表"。